培养孩子自主学习能力的关键

鹏磊 编著

中国纺织出版社有限公司

内 容 提 要

众所周知，学习是孩子自己的事情，受益的也是孩子自己。可以说，自主学习是一个人生存的基本能力。最有效的学习就是自主学习，孩子的优异成绩离不开良好的自主学习品质和自主学习能力。

本书深入剖析了如何培养孩子的自主学习能力，通过学习目标、学习心态、记忆力、应试能力、阅读习惯等11个学习要素，以典型案例阐述了自主学习的培养方法以及常见问题的解决方案，帮助孩子培养有效的自主学习能力。

图书在版编目（CIP）数据

培养孩子自主学习能力的关键／鹏磊编著.--北京：中国纺织出版社有限公司，2024.4
ISBN 978-7-5229-0635-5

Ⅰ.①培… Ⅱ.①鹏… Ⅲ.①学习能力—儿童教育—家庭教育 Ⅳ.①G782

中国国家版本馆CIP数据核字（2023）第098226号

责任编辑：柳华君　　责任校对：高　涵　　责任印制：储志伟

中国纺织出版社有限公司出版发行
地址：北京市朝阳区百子湾东里A407号楼　邮政编码：100124
销售电话：010—67004422　传真：010—87155801
http://www.c-textilep.com
中国纺织出版社天猫旗舰店
官方微博 http://weibo.com/2119887771
三河市延风印装有限公司印刷　各地新华书店经销
2024年4月第1版第1次印刷
开本：710×1000　1/16　印张：13
字数：148千字　定价：49.80元

凡购本书，如有缺页、倒页、脱页，由本社图书营销中心调换

数学家华罗庚曾说:"自学,就是一种独立学习、独立思考的能力。"毕竟,对于孩子来说,学习是自己的事,而自学能力往往最能体现孩子的主体作用,也是每个孩子必须掌握的一种能力。

让孩子养成自主学习的习惯是非常重要的。自主学习,不仅可以培养孩子自己探索的习惯,而且还可以改变孩子对学习的态度,同时让孩子摆脱思维模式的禁锢,从而不再沦为学习的机器。

现实生活中,许多人觉得孩子写作业拖沓、磨蹭是一件小事,学习不主动也无伤大雅。其实,一旦孩子陷入被动学习的困境,便会出现注意力不集中、习惯差等问题,从而导致知识学的不扎实,基础不牢。即便是有一天孩子突然想学习了,也会发现自己不会的太多,根本学不进去,最后学习信心备受打击。所以,让孩子养成自主学习的习惯,同时培养自主学习能力是非常有必要的。

孩子学习的好坏,很大程度上取决于孩子自主学习能力的强弱。通常来说,那些自主学习能力较弱的学生,主要表现为缺少明确的学习目标,没有学习计划,一旦遇到学习的困难就会想逃避、退缩,从而变得情绪低落,失去挑战学习的勇气。反之,那些自主学习能力较强的学生,有比较明确的学习目标,有较为完善的学习计划,即便遇到困难也不轻易放弃,学习态度积极,最

后所收获的学习效果自然也会好很多。

自主学习是孩子内驱力的体现。让孩子自主学习，并不意味着可以放任孩子不管，而是孩子要在家长和老师的指导帮助下，制订学习计划和目标，家长和老师引导孩子在实施学习计划时发现问题、分析问题、解决问题。当然，在这个过程中，要保护孩子的好奇心和探索欲，不断激发孩子的学习兴趣，磨炼孩子的意志力，最终养成自主学习的良好习惯。

自主学习能力其实就是自我管理能力，需要孩子具备高度的自律性、足够的自我组织能力和缜密的学习计划。这种能力不仅适用于学习，对于一个人的生存、发展都意义重大。当然，自主学习能力的养成不是一蹴而就的，而是需要一个长期的过程。

编著者

2023年10月

目录
CONTENTS

CHAPTER 1

第 1 章

**确定学习目标：
有目标有动力，
学习轻松不费力**

我到底为何而学习	003
着眼于当下，着力于未来	006
明确目标，制订合理计划	009
根据实际情况适时调整目标	012
长期目标和短期目标相结合	015
严格执行工作计划，直至成功	018

CHAPTER 2

第 2 章

**学习有方法：
多总结规律，效果
事半功倍**

找到最适合自己的学习规律	023
及时复习，遵循遗忘曲线定律	026
找到适合自己的高效学习方法	029
把疑问暂时"冷藏"起来	031
复述是最好的记忆方式	034
做笔记一定要突出重点	037

CHAPTER 3

第 3 章

**调整心理状态：
劳逸结合，缓解
学习焦虑**

学习出现疲倦时，请注意休息　043
克服不良情绪，保持健康心态　045
均衡安排自己的时间，
　　把握学和玩的度　048
适时运动，缓解学习压力　051
劳逸结合，提高学习效率　053
对症下药，顺利走出低谷　055
自我激励帮你重新获得能量　058

CHAPTER 4

第 4 章

**增强记忆力：
让知识乖乖在大脑
里待着**

好的记忆力是学习的基础　063
巧妙提升你的记忆力　066
学会理解事物，再去记忆它们　069
利用联想，找到记忆目标　072
运用形象思维，提高记忆效果　075
及时复习，战胜遗忘规律　078
高效学习的秘诀是尝试回忆法　081

CHAPTER 5

第 5 章

**培养阅读习惯：
增加知识储备，提
升理解能力**

读书让人受益匪浅　087
选择有效的阅读方法　090
坚持每天阅读，每天进步一点点　093
带着问题阅读，提高阅读质量　096
作文审题，打开思路是关键　099

CHAPTER 6

第 6 章

提高应试能力：
正确看待考试，
消除畏难心理

保持平常心应对考试　103
掌握基本的应试技巧　106
考后忘掉过去，专注未来　111
适当调试，将紧张心理降低到最小　113
做好考前复习，杜绝投机心理　117

CHAPTER 7

第 7 章

敢于提出疑问：
学会独立思考，
且能在思考中学习

养成积极提问的好习惯　123
向自己提问，坚持每日总结　125
吸取他人经验　128
培养自己的独立思考能力　131
有疑问立刻就问　134

CHAPTFR 8

第 8 章

提升积极性：
树立主动学习的
意识

养成自主学习的习惯　139
主动学习，有效提高自学能力　141
利用课余时间自主学习　143
别把今天的学习任务拖到明天　146
归纳总结出合适的学习方法　149
假期是查缺补漏的好时机　151

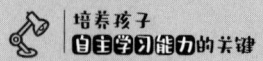

CHAPTER 9

第 9 章

做好时间规划：
合理安排时间，
提高学习效率

制订行之有效的学习计划　157
在黄金时间段学习　160
妙用交替学习法，提高学习效率　163

CHAPTER 10

第 10 章

勤奋自律：
没有努力付出，哪
有丰厚回报

克服懒惰情绪，提高学习积极性　171
学习就是加油和充电的过程　173
学习没有捷径，只有靠努力　176
管理好自己，才能管理好时间　179
学习需要的是自律　181

CHAPTER 11

第 11 章

用好工具书：
善于请教身边不说
话的智者

工具书是不会说话的老师　187
了解学习常用的工具书　190
学习语文的常用工具书　193
英语词典是最好的英语老师　196
如何有效使用工具书　198

参考文献　200

第 1 章

确定学习目标：
有目标有动力，学习轻松不费力

我到底为何而学习

周恩来总理说："为中华崛起而读书！"当听到这句话的时候，年纪尚小的我们懵懵懂懂，根本不知道它深层的含义。我们一直被那句铿锵有力的"为中华之崛起而读书"教育着、激励着，以为学习的最终目的，就是为了中华的富强而努力奋斗。渐渐长大了，我们才发现一个人的力量有限，那样的学习目标开始转化为具体的目标，那就是为了考学、为了挣钱。于是，这个一直令我们困惑的问题"为何而学习"，似乎有了答案，有的孩子是为了脱离贫穷的生活而学习；有的孩子是为了那一纸文凭而学习；有的孩子是为了将来的铁饭碗而学习；有的孩子是为了升官发财而学习；有的孩子是为了工作、升职、加薪而学习。学习功利性越来越强，学习状态变得浮躁不安，大脑中不禁出现个问号：我到底为何而学习？以下是一位初中学生的日记：

进入初二之后，老师天天挂在嘴边的就是中考、高中的事情，在班会上，老师总是说："我希望在座的同学能够认清学习的目的，从现在开始，努力学习，为了最后一年的冲刺打好坚实的基础，两年后，我希望你们都能进入自己理想的高中。"而父母经常说的一句话就是："好好学习，为了自己能有一个美好的将来。"可那美好的将来不就是希望自己能过得很好吗？而金钱是必不可少的。难道学习真的是为了挣更多的钱吗？

学习到底是为了什么呢？不就是为了考高中、考大学，为了那张学历文凭，之后出来还不是挣钱，说到底，我们这么拼命学习就是为了挣钱。可表哥没有上什么学，也成了大老板，车子房子都有了，这又作何解释呢？我一直在为这个问题苦恼着，直到今天爸爸说了一番话，我才醒悟过来，他对我说："上学读书并不是为了挣钱，而是为了学知识，学习不断地丰富你的人生，丰富你的心灵。有知识的人，他的气质、修养、内涵都是不一样的，拿学历文凭这只是一个功利性目的。"

事实上，学习的最终目的不是为了金钱，也不是为了文凭，而是为了完善自我、丰富心灵、充实自己的生活、装点自己的人生。学习，并不是单纯的学习，我们可以通过学习学到很多做人的道理，怎么说话、怎么与人交际、怎么解决问题。在学习的过程中，我们的智力得到了提升，大脑得到了开发；在学习的过程中，我们变得聪明；在学习的过程中，我们还能感受到学习带来的愉悦感，以及精神上莫大的满足。所以，作为学生，关键就是要认清学习的目的，这样才有利于端正自己的学习态度。

如何明确自己到底为何而学呢？

1. 获得荣誉感

周总理在小时候就大声说出了自己为何学习，那就是"为中华之崛起而读书"。现在我们生活在和平年代，也许使命感、责任感没有那么强烈。但是，当你观看了奥运健儿在奥运会上获得金牌就明白了，这样的使命感、责任感、民族荣誉感一直都在，当运动健儿经过了艰辛的训练获得了成功，当五星红旗在奥运会赛场冉冉升起，这一时刻，每一个中国人都会由衷地感到骄傲、自豪。那么，当你在学习上取得了荣誉，为班级、为学校，甚至为国家争得荣誉的时候，相信你的感觉是一样的，这就是为什么周总理的那句"为中华之崛起而读书"一直激励着我们。

2.不要给学习冠以功利性目的

如果我们以功利为目的学习，只能培养出自己浮躁的拜金主义，是学不到真本领的。而且这样的学习也是不稳定的，当我们发现这方面的学习不能为自己谋取经济利益时，就会转向其他方面。甚至到某些时候，只要能挣到钱，不管这样的学习适不适合自己，我们都硬着头皮学习，结果只会事倍功半。

3.树立清晰的学习目标

一个中考状元在谈到自己的目标时说："我从小的梦想就是考上复旦大学，当我疲惫不想坚持的时候，我就想到自己的梦；当我遇到困难想逃避的时候，我的梦在告诉我不可以停下；当我获得小成功时，我告诉自己，笑到最后才是赢。"学习需要策略，盲目地学习是不行的，策略的第一步就是明确自己的目标，有目标才会有动力。

我们希望考上的学校是什么？那就是需要跳起来才能够得着的果实。假如顺手就可以摘到或跳得再高也不能够得着的都不叫目标。学习目标不能定得太高，也不能太低。目标太高，会觉得太难而丧失信心；太低，会觉得太容易而丧失积极性。假如我们现在是中下游的水平，那么学习目标就应该是进步；假如我们是上游水平，那学习目标就应该是稳步。每个学生需要根据自己的情况制订自己的目标，只有当我们总想跳起来去摘成功果实的时候，才算是找准了学习的方向。

着眼于当下，着力于未来

物竞天择，适者生存，当今社会是一个处处充满竞争的社会，一个人要想从竞争者中脱颖而出，就必须要做到有计划、有目标，不打无准备之战。然而，那些失败者之所以迟迟不准备，是因为他们不知道自己从哪里着手，一个人看不到前方的路，看不到希望，又怎么有信心、有决心成功呢？

对于学生来说，现阶段最主要的任务是学习，然而，怎样才能获得学习的动力？你需要人生梦想和目标。爱因斯坦说："想象力比知识更重要，是知识进化的源泉。"首先，我们要敢于为自己编织梦想，只有树立明确的人生目标，当下的学习和生活才更有动力。

人生要有一个为之奋斗的目标，在中学学习时，也要有近期目标、中远期目标和最终目标。我们要知道下一步该怎么走，才能更充分地利用好宝贵的时间。一旦树立远大的理想，我们便应该奋不顾身地向其前进，为之努力奋斗，让其成为支撑我们学习的精神支柱。

当然，在树立人生目标后，我们更应该做的事是为目标而奋斗。现实生活中，我们每个人都有自己的理想，并渴望成功，而最终能成功的人不过是极少数，大多数人与成功无缘，他们不能成功是因为他们往往空有大志却不肯低下头、弯下腰，不肯静下心来努力学习。要知道，只有一步一个脚印，踏实、不浮躁地学习，才能为成功奠定基础。而实际上，这正是生活中的一些青少年朋友所欠缺的，有些时候，他们总是怨天尤人，给自己制订一些虚无缥缈的终极目标。

那么，具体说来，在制订人生目标时，应该注意些什么呢？

1.制订完善的计划和标准

要想把事情做到最好，我们心中必须有一个很高的标准。在做事情之前，要进行周密的调查论证，广泛征求意见，尽量把可能发生的情况考虑进去，以避免出现漏洞，直至达到预期效果。

2.目标要适宜

我们的自我期望要建立在符合自己的实际情况、切实可行的基础之上。我们应该有理想、有志向，但这种理想和志向，不能是高不可攀的，也不应当是唾手可得的，而应该是通过一定的努力可以实现的适宜的目标，应该符合个人的个性特点和实际能力水平。

3.着眼于当下

我们的目标不能太空，为此，制订计划时不要超出你的实际能力范围，而且内容一定要详尽。

比如，如果我们想学习英语，那么不妨制订一个学习计划，安排星期一、星期三和星期五下午5：30开始听20分钟的英语听力，星期二和星期四学习语法。这样一来，每个星期都能更实在地接近、实现目标。

4.做事要有条理、有秩序，不可急躁

急躁是很多人的通病，但任何一件事，从计划到实现的阶段，总有一段所谓时机的存在，也就是需要一些时间让它自然成熟。假如过于急躁而不甘等待的话，经常会遭到破坏性的阻碍。因此，无论如何，我们都要有耐心，压抑那股焦急不安的情绪。

5.立即行动,勤奋才能产生效率

我们都知道勤奋和效率的关系。在相同条件下,当一个人勤奋努力工作时,他所产生的效率肯定会高于他懒散工作状态下的效率。高效率工作者都懂得这个道理,所以,他们能够实现别人几辈子才能够达到的目标。

确定学习目标：有目标有动力，学习轻松不费力

明确目标，制订合理计划

有人说，学习好比打仗，为了达到更好的学习效果，必须有自己的战略和战术。我们首先要做的就是明确目标、制订计划、合理安排时间，这样可以给自己建立好空间和时间的二维框架，让一切尽在掌握之中。按照计划去做，就可以把自己有限的时间充分利用起来，不浪费一分一秒。想必每个中学生都有自己的学习目标，但你真正充分利用自己的时间了吗？实际上，很多时候，我们之所以会浪费时间，是因为我们总是给自己的目标打折扣，当目标未完成时，我们会告诉自己"差不多就可以了"，于是就扔下学习去参与其他活动，这样又怎么能高效学习呢？

安徽省某年的中考状元说："我觉得我也就是个很普通的学生。我最大的优点就是比较有毅力，不会轻言放弃。我确定了一个目标，就会克服一切困难，坚持去完成它。我想，就是这种对目标执着的劲头，让我更容易在考试中取得好成绩。"

2005年湖北省状元朱师达说："学习一定要有计划。我每天早上一醒来，就会想这一天有哪些事情要做、哪些章节要看、哪些习题要写。把每一天都计划好，这一天就按照自己的计划去严格地执行。晚上睡前还会自我检查，这些计划是不是都完成了，完成得是不是都能让自己满意。每一天给自己合理规

划，每一周、每一月都是如此，这样就能高效率地学习和生活。"

的确，有计划是学习效率高的前提条件。我们在明确学习目标的基础上，需要根据自己学习的特点和自身的实际，以及所处的客观环境条件，确定学习内容和任务来制订学习计划。为了科学地运筹时间，制订一个自己的学习计划很有必要。这样，不仅可以赢得更多的学习时间，也可以从整体上把握自己学习的方向和进度。但是，并不是所有学生都能真正按照学习目标学习，他们总是认为，目标完成得差不多就行了。如果总是给自己的目标打折扣，又怎么可能真正获得进步呢？

因此，我们的目标一旦确立下来，就一定要立即行动去完成它，并且，完成目标要尽量做到不打折扣。要知道，学习是容不得半点疏忽的，坐着不动更不可能提高成绩。想取得好的成绩，想成为天才优等生，就要下苦功，就要严格要求自己。

为此，你不妨这样做，在每天晚上学习活动结束之后，将每天的学习目标拿出来检查检查，完成的，就在前面打上勾，没有完成的，就在前面打上叉，然后统计统计完成了多少。刚开始的时候大概能完成60%，时间久了，基本上能维持在80%左右。

在确定了目标、制订了学习计划并且执行了计划后，若阶段性目标顺利实现了，则继续进行下一个目标；若没有实现，则要分析原因在哪里，然后重新制订目标、期限和计划。这里要强调的是，制订目标是为了有一个强大的学习动力，动力的来源就是实现一个个阶段性目标后的成就感和下一个目标的期待和自信，当目标不能实现时，很难产生学习动力。

从这里，我们还可以发现，阶段性目标的完成以及完善是有助于我们产生继续学习的动力的。不要把希望寄托在明天，希望永远都在今天，希望就在现在。因此，我们在学习上要对自己要求严格点，严格执行计划，这样才有可能超越自己，超越对手！

当然，我们还应该注意的是，大部分学生总是在没有做这件事之前信誓旦旦，但是一到把这件事情真正做起来，往往就只有三分钟热度，或者"三天打鱼，两天晒网"。所以，我们要坚持不懈地向着目标前进。

总之，有行动才会有实现目标的可能，但学习容不得半点马虎，每一个学生都应该制订自己的学习目标，并学会不折不扣地完成它，只有做到脚踏实地、有步骤地完成，才可能不断实现你的目标，也才会逐渐取得好的学习效果。

根据实际情况适时调整目标

计划对一个人的学习起着至关重要的作用。古人云，凡事预则立，不预则废。就连那些指挥作战的军事家，他们在战斗打响前，也会制订几套作战方案；企业家在产品投放市场前，也会做好一系列的市场营销计划。而在学习中，学会制订计划意义是很大的，它是实现目标的必由之路。

任何一个中学阶段的学生都应该明白，中学阶段的学习千万不能盲目，策略的第一步应该是明确自己的目标，有目标才会有动力，有了动力才能够前进。

当我们在学习中有了明确的目标，并能把自己的学习与目标不断地加以对照，进而清楚地知道自己的进度与目标之间的距离，我们就会自觉地克服一切困难，学习成绩就会得到维持和提高，并努力达到学习目标。我们在学习的过程中心怀目标、充满激情地去学习，考试一定会取得满意的成绩。

诚然，我们应该肯定目标的重要意义，但这并不代表应该固守目标、一成不变，很多中考状元都建议中学生们要不断调整自己的目标。也许你一直向往清华北大、一直想排名第一，但是根据第二步的分析，如果某些科目经过努力仍无法提高的话，就应该调整自己的目标，否则不能实现的目标会使你失去信心，影响学习效率，因此有一个不切实际的目标就等于没有目标。

一位名人说得好："生命的要务不是超越他人，而是超越自己。"所以大家一定要根据自己的实际情况制订目标，跟别人比是痛苦的根源，跟自己的过去比才是动力和快乐的源泉。这一点不光可以用在学习上，在以后的生活和工作中都用得着，对你们的一生都会产生积极的影响。

目标不一定是一成不变的，它可以随着自己实力的变化而变化，无须过高，也不能过低。有一位高考状元说过："高一的时候，我只能保证自己上武汉大学；高二时改为人民大学；到了高三，我便把目标锁定北大，并为此奋斗不止。我喜欢这样的追赶，去追寻遥遥领先的理想，在追赶中，我觉得自己是人生的主人。"

玲玲是一名高三的学生，还有三个月，她就要上"战场"了。这天周末，姨妈来她家作客，玲玲陪姨妈聊天，话题很容易便转到玲玲高考这件事上了。

姨妈问玲玲："你想上什么大学啊？"

"浙大。"玲玲脱口而出。

"我记得你上高一的时候跟我说的是清华，那时候你信誓旦旦说自己一定要考上，现在怎么降低标准了？玲玲，你这样可不行。"

"哎呀，姨妈，咱得实际点是不是，高一的时候，树立一个远大的目标是为了激励自己不断努力，但到了高三，我自己的实力如何我很清楚，我发现，考清华已经不现实了，如果还是抱着当初的目标，那么我的自信心只会不断递减，哪里来的动力学习呢？您说是不是？"

"你说得倒也对，制订任何目标都应该实事求是，而不应该好高骛远啊，看来，我也不能给我们家倩倩太大压力，让她自己决定上哪个学校吧。"

这则案例中，玲玲的话很有道理。的确，任何计划和目标的制订，都

应该根据自身的情况和时间段制订，不切实际的目标只会打击我们学习的自信心。

另外，即使我们依然在执行当初的计划，但计划里总有不适宜的部分，对此，我们需要及时调整。也就是说，当计划执行到一个阶段以后，你需要检查一下学习的效果，并对原计划中不适宜的地方进行调整，一个新的更适合自己的计划将会使今后的备考更加有效。

为此，可以把自己的目标细化，把大目标分成若干个小目标，把长期目标分成一个个阶段性目标，最后根据细化后的目标制订学习计划。另外，由于每科都有自身的特点，所以必须针对每一科目制订各自的细化目标。细化目标也能帮助我们及时调整自己的目标。

总之，我们应该根据自己的实际情况，制订一个通过自己的努力能够实现的目标，并且制定的目标不是一成不变的，要根据实际情况不断进行调整。经过一段时间的实践，你一定能够确定一个给自己带来源源不断的动力的目标。

长期目标和短期目标相结合

人的一生多半都是有目标的，大的目标应该是一个十年、二十年甚至几十年为之奋斗的方向，应该定得远大一些，这样有利于发挥自己的潜能。但由于某些不确定因素的存在，人生目标不一定非常具体详细，只要有一个明确的方向就可以。

而对于中学生来说，你们的目标应该是进入自己理想中的学校。因此，每个学生都会为自己制订一个学习目标，学习目标可以分为两方面内容：

一是学习的目标，或称学习阶段的总目标。如自己要知道学习到底是为了什么，为自己、为父母，或是为其他需要感激和感恩的人；为了将来的发展，为了上大学，为了证明自己的价值……这都是很不错的理由。只要你认为它可以给你带来源源不断的动力，促使你向着自己希望的方向去发展、去努力，就可以当作自己的目标确定下来。可以说，这是人生中的阶段性目标。

二是步骤性目标，只有实现一个个步骤性目标，最终才能实现自己学习的总目标。比如，我这一节课必须掌握哪些知识，我这一天的复习要包括哪些内容，这一个月的学习要达到什么效果，小到一小时，大到一月、一学期、一年，都要有目标，只有这样，才能够不懈怠、不放松，一步一个脚印地朝着自己的最终目标前进。

当然，要进入理想的学校，我们还要制订一个年度目标。根据年度目标，可以具体量化学科分数指标和自己的心理成长指标。年度目标的制订既要符合当前的学习水平，又要适当地高于自己的实际水平，以便促进一年中自身的发展和成长。同时，为了目标的清晰直观，你可以在班级中大致估算对比一下，找到和自己目标接近的同学。比如，某位同学目前的水平应该可以考上你理想的学校，就把他作为实际中追赶的对象。经验告诉我们，只要目标明确、方法得当，高三一年中成绩在班级提升10~20名是常有的事情。

有了年度目标，还要学会将目标阶段化，这也是中考状元们为大家分享的经验，因为只有这样才能由目标逐步落实到任务。先由年度目标得出中期目标。按照前松后紧的原则，大家在初三前半年落实任务的40%，比如全年要提高10名，那么期中要提高4名。这是因为初三前半年还有一些新课程要学，而且就像物理学习中所知道的那样，启动时的静摩擦力是最大的，我们需要在上半年付出一点时间和精力，调整自己的心态，使之进入良好的程序和状态。可以说，前半年能够完成中期目标的学生，年度目标通常都能够顺利完成，因为越到后面，我们所擅长的心理和压力调整就会发挥越大的作用。

接下来就是每个月的短期目标了。制订短期目标应注意以下三个方面的问题：

第一，要对自己做一个全面的分析。制订目标为自己的未来勾画了一个蓝图，描绘了到达最终目的地的时间和要求，但究竟如何起步，还得从自身的现状出发。因此，要充分分析自己的目前情况。如自己有哪些优势和不足，如何发挥优势，克服不足；自己的各科潜能如何，是否已经充分发挥出来了；自己各科成绩如何，偏科情况如何，如何补救；自己的学习毅力和勤奋程度如何；自己的学习方法和学习效率怎样，需要做哪些改进，等等。

第二，可以为每个月命名，确定主题。例如：

一月为"力学月"。

目标：熟练运用受力分析，掌握物理题中与力学有关的各种问题。

任务：找出各种和力学有关的题型，把它们归纳成四大类，十种已知，八种求解。

具体做法：归纳力学主要知识点，研究习题册和考卷中的题目。

第三，偏科越严重的科目越要先补，分值越大的科目越要先补。我们要根据自己学习潜能、学习成绩、学习方法、努力程度等实际情况，制订自己的行动计划，主要是明确自己将要在哪些方面采取什么样的措施。如在英语学习方面，要加大课外时间的投入，选择较好的英语参考书，提高阅读能力，增加词汇量；在语文学习方面，增加课外阅读量，逐渐丰富作文素材，提高作文能力。

第四，语文和英语要细水长流，强烈建议采用每天的零散时间来背诵单词和复习文学常识，具体任务可以下达到每月，但是不能影响该月的主题。

严格执行工作计划，直至成功

每个有升学压力的中学生都深知完成学习目标的重要性，但在实际操作的过程中，总会出现这样那样的因素，使他们无法达成目标。但无论如何，你需要记住的是，严格执行自己的学习目标，才能真正看到良好的学习效果。

"我的学习还不错，但是我还想让自己的成绩更上一层楼。我也不知道自己怎么搞的，我每次定的目标都不会实现，比如，我双休日打算复习什么功课或者做某件事，都不会按我的计划进行。我学习上还有一大阻碍，就是英语，看见那密密麻麻的单词我就头疼，我怎样才能做好呢？"

这可能是很多中学生的心声，想努力达成学习目标，但似乎总是事与愿违，而没有严格执行学习目标又会让他们产生心理压力，于是，恶性循环下去，他们的目标收效甚微。

那么，到底该怎样做才能努力达成目标呢？

第一，要严格你的作息时间。最好是有人能成为你时间上的标杆，这个人一定是能够严格作息规律的人，而他的作息时间是可以作为模范的。那么，你要跟随这个人的作息时间来安排学习和生活。一个人的乱，第一问题是出在作息不规律上面。

确定学习目标：有目标有动力，学习轻松不费力

第二，要提高你的学习效率。无论你做什么事情，当你决定去做了以后，面对学习和工作任务的第一件事是要认真地告诉自己——这件事我会在多少时间内完成，比如记好一个公式需要几分钟，解完一道题是几分钟，或者完成一项工作要几分钟。要让自己用尽量少的时间来完成一件事情。效率提高了，你的状态自然而然就回来了。

第三，要细化你的工作计划。有些同学给自己定的目标总想着一下子实现，但这又不可能，于是白白地给自己增加了心理压力。还有的同学目标定得很大，可就是不肯做好眼前的一件一件极小的事，比如，弄懂一道习题，记好一个英语单词，学会一个成语，等等。这些事情虽小，可大目标正是由它们累积起来的，而小目标又是很容易实现的。所以要学会把大目标分解为若干层次的小目标，这叫作目标分解法，它可以分散人对大目标的注意，而着眼于一个个较容易达到的小目标，从而减轻心理压力，增强信心，实现目标。由于这种分解只是心理上的，所以有的心理学家把这种方法称为"心理除法"。心理压力没有了，人就可以轻轻松松实现目标了。

的确，计划不能是目标性的，而应该是任务性的。要细化到每天完成几个具体的小任务，如果是学习，那么就是几页书、多少个知识点、几份试卷，如果是工作，那么就是几项任务、几个电话、几项纪录与反馈等。计划越大，表明你内心越紧张、越忙乱，自然也就越无从下手。计划越细小、越具体，你实现起来也就越容易，你对自己的信心也就越来越大。

第四，要巩固你的锻炼习惯。有条件的话，要坚持早晚各进行30分钟的慢跑活动，大概在3000米，如果没有室内场地可以考虑爬楼梯。你的身体苏醒了，你的心理状态自然也苏醒了，学习其实与心理状态很有关系。

第五，多做积极暗示。心理暗示很重要。比如，如果你经常给自己暗示"我每次定的目标都不会实现"，那么你就等于给自己贴了一个消极的"标签"，这会不断地给自己一种消极暗示：我定了目标也不能实现。于是，在不知不觉中就会放弃努力，目标就真的不能实现了。为此，你最好经常鼓励自己"我

019

一定能完成"，在积极的暗示下，你的学习效果才会向良性的方向发展。

　　做到以上几点，相信你能有效地提高自己的耐力和意志力，最终实现自己的学习目标。

第 2 章

学习有方法：
多总结规律，效果事半功倍

找到最适合自己的学习规律

可能很多学生会有这样的疑问，为什么有些人似乎天生就比较聪明，总能事半功倍地学习？为什么有些人在学习上就是很难提高？学霸们到底有什么学习秘诀？其实，学霸们也不是天才，而是有自己的学习规律。那么，可能你又会产生疑问，学习真的有规律可言吗？当然有，以下是为大家总结的八条学习规律：

1.制订计划

要学习好，首先要制订一个切实可行的学习计划，用以指导自己的学习。古人云："凡事预则立，不预则废。"按计划进行学习，就能合理安排时间，得当分配精力（重点学科、难点学科重点投入，但绝对不能偏科）。只有按计划学习才能做到心中有数，不会打乱仗，长此下去，可以使生活、学习规律化，养成良好的学习习惯，大大提高学习能力。

2.课前自学（预习）

课前自学有点像作战时的战前侦察，哪是暗堡，哪是最坚固的地方，哪是薄弱环节等。通过预习，可以对教材有初步的了解，知道自己有哪些问题弄不懂，并做上记号，这样带着问题听课，就会听得更加认真，并且把自己对教材的理解与老师的讲解相比较，加深对教材的理解和记忆，纠正自己的某些片面认识和错误，更重要的是可以培养自己的自学能力，这是人的一生在学习和

工作中必须具备的能力。

3.专心上课

这是目前最经常性的、最大量的一个学习环节，因而也是目前中学生学习中的一个关键环节。除了端坐静听外，更重要的是积极思考（多问几个为什么），对同一个问题，可以从不同的角度去观察、对比和分析，大胆提出自己的见解，和老师、同学开展讨论。总之，讨论得越充分，研究得越透彻，理解得就越深刻，掌握得就越牢固，并且能够极大地提高自己的分析思维能力，增强学习兴趣。

4.及时复习

现在的教材学科庞杂、知识点多，要想做到"一次净，一遍成"是根本不可能的，所以及时复习是非常必要的一环。除了跟随老师在课堂复习外，更多的是根据自己掌握知识的情况及学习中出现的遗忘等现象，做好课外复习工作。复习不应是机械地重复几遍，而是把学过的知识更加系统化、条理化，纳入整个知识体系之中。

5.独立作业

"独立作业"强调的是独立二字，作业不独立就完全失去了作业的积极意义，那就不如不做。此外，我们还要坚决反对那种单纯任务观点，为应付老师检查而做作业的不良习惯。作业实际上是课堂学习的继续，通过作业巩固课堂所学知识，检验课堂听讲的效果，培养自己独立思考、分析问题、解决问题的能力，提高学习的自觉性和积极性。当然作业中出现的疑难问题，在经过充分的思考、分析后可以向老师、同学请教或开展讨论，对作业中的错误，要及时分析错误原因进行订正。

6.解决疑难

学习中的疑难问题，可以说是大量的、反复的、连续不断的，学习的全过程中始终伴随着对疑难问题的解决，能够提出疑点和难点，本身就是积极开动脑筋的一种表现，是一种想解决问题的表现。对当天学习中出现的疑难，应该当天就把它解决（问题不过夜），因为明天可能还会有明天的问题。也就是说，解决问题一定要及时，不要让问题越积越多，以至于后来堆积如山，无法解决。很多学习掉队的同学就是因为问题解决得不及时，学习基础差的同学，问题已经成堆，就应该尽快地、系统地把欠缺的知识补起来，这需要有坚定的决心和极大的毅力，应尽可能地求得老师、同学的帮助。

7. 系统小结

平时我们学的知识，需要经常顺一顺、理一理，找起来就方便，用起来就顺当，这就需要进行系统小结。同学们除了课堂上听老师小结外，还可以自学一下课本上每章的小结，最终学会自己小结，把已经学过的知识储存到相关学科的网络中，一旦需要，就可以提出来应用。

8. 课外学习

对于成绩优异的学生来说，课外学习就是进一步开拓知识面、开阔视野、发展特长、参加学科竞赛等；而对于成绩差的同学来说，课外学习就应该是努力把欠缺的知识补上来，把基础知识打扎实，加强基本技能的训练，尽快跟上大家前进的步伐。

实践证明，只要在这八个环节或其中几个主要环节上下功夫，就一定能形成良好的学习习惯，找到一套有效的学习方法，学习成绩肯定会有很大的提高。因此你们也应该结合自己的情况，找到最适合自己的学习规律。

及时复习，遵循遗忘曲线定律

很多中学生在学习时常常会遇到一个头痛的问题：为什么刚学过的单词、定律很快就忘了？为什么明明背了很多遍的文言文还是记不住？怎么复习才有好的效果呢？对于这一问题，德国心理学家艾宾浩斯提出了一个著名的遗忘曲线，他经过研究发现，遗忘的时间原本就是从学习之后开始的，而且遗忘的进程并不是均衡的。随着时间的推进，遗忘的速度是先快后慢的。

根据这一规律，后来，又有人做了这样一个实验：

有两组学生，他们在学习完一篇课文后，甲组学生对课文进行了复习，一天后，他们能记住课文的98%，一周后他们能记住83%；而乙组学生则没有复习课文，一天后，他们能记住56%，而一周后，他们仅仅能记住33%。可以看出，乙组的遗忘平均值比甲组高。

这个实验告诉我们，在学习过程中，遗忘是有一定的规律的：刚开始，遗忘的速度最快，后来慢慢减缓，到了一定的时间后，就不再遗忘了，这就是遗忘的发展规律，即"先快后慢"的原则。根据遗忘规律我们可以知道，如果孩子学的知识不在一天后抓紧复习，就会所剩无几。

因此，我们在了解遗忘曲线的同时，为自己制订一个记忆计划是十分有必要的。下面是记者和2001年辽宁省文科状元许峥的一段对话：

记者："你是怎么提高效率的？"

许峥："因为每个高中生每天学习的时间就那么多，谁也不可能把一天24小时变成26小时，这样就得讲究点效率，讲究效率也看用什么方法，比如说生物法吧，遵照遗忘曲线规律，3小时看一遍，9小时再看一遍，然后3天后再看一遍，15天后再看一遍，1个月后再看一遍，这样就不太容易忘了。"

记者："这是德国著名心理学家艾宾浩斯发现的遗忘曲线。"

许峥："对，高考时间都是9点到11点。而我平时的学习时间比较自由，所以就在9点到11点这段时间做题，大概在考前1个月的时候，我就每天在这个时间做题，这样到高考时，这个时间段就比较兴奋。"

这里，我们不难发现，高考状元许峥就是根据遗忘曲线来制订复习计划的，我们也可以借鉴他的这一方法。具体来说，我们可以掌握以下几个要点：

要点一：掌握最佳的复习时间。

听讲之后尽早进行复习可减少遗忘，同时可使知识联系起来，搞清楚知识前后的联系和规律。

根据遗忘曲线我们发现，晚上睡觉前和早上醒来后是两个记忆黄金时段。睡前的时间可主要用来复习白天或以前学过的内容，对于24小时以内接触过的信息，根据艾宾浩斯遗忘规律可知能保持34%的记忆，此时复习便可巩固记忆。而早晨起床后，重新复习一遍昨晚复习过的内容，那么整个上午都会对那些内容记忆犹新。所以说睡前和醒后这两个时间段千万不要浪费，若能充分利用，可有事半功倍之效。

要点二：多种形式复习。

复习是对已学习到的知识的重新编码，应当充分利用各种形式整理知识，比如，听、说、读、写、背、看，而不要机械地采用一种方法。

要点三：单元系统复习。

一般来说，一个单元的知识是有一定的联系的，并且老师在带领学生学习完一单元后，都会对学生进行一个单元检测。在单元复习时，要抓重点和难点，并使知识系统化、结构化。对错题进行再次练习是提高成绩的法宝。

要点四：假期不忘复习。

每年的寒暑假以及五一、国庆等，学生的假期都比较长，除了完成家庭作业外，还应适当复习，防止遗忘。在节假日，学生还可以适当阅读课外书，加深和拓宽对知识的理解和运用。

的确，知识的积累就像建造房子，从砖到墙、从墙到梁是一个循序渐进的过程。我们在复习巩固的时候，也要掌握一定的方法。这样，复习的时间不需要很长，但效果会很好，磨刀不误砍柴工就是这个道理。

总之，艾宾浩斯遗忘曲线告诉我们，遗忘的规律是先快后慢，特别是识记后48小时左右，如果不再记忆，遗忘率高达72%，所以不能认为隔几小时与隔几天复习是一回事，应及时复习，间隔一般不应超过2天。

找到适合自己的高效学习方法

一个学生，怎么提高学习效率？关键要找到适合自己的学习方法，适合的才是最有效的方法。就是说，你需要了解别人的学习方法，但不是照搬，而是在别人方法的启发下，量身定制适合自己的方法，才会产生最大的效应。

学习过程中，不管采用哪种学习方法，都绝不能盲从，适合自己的才是最好的。同样，对于其他人总结出的学习经验，我们可以学习，可以借鉴，可以汲取，但是一定不能迷信，不能盲从，不能机械地照搬。就像每一朵鲜花的盛开，都由自身的条件决定。在学习中只有认真地分析自己的实际情况，准确地认识和把握自己，采取切实可行的模式、方法和手段，才能在自己的责任田里收获希望的果实。学习，切忌简单复制，适合别人的不一定适合自己。别人曾经走出了一条路，自己用同样的方法，朝同样的方向，却不一定能收到相同的效果。

有一位学生，在谈到自己的学习方法时说："我主张把各科知识点分类整理，做成图表，因为好记性不如烂笔头。在学习的过程中，'知识网络图'的重要性不言而喻，做好并掌握这样的图表，就能理清各种知识点的纵横关系，拓展思维，掌握具体方法和技巧，明确所学内容。"

可是，他同学的学习方法却完全不相同，这位同学对于整理知识网络，他的做法是用脑而不是用手。他说:"我没有这么勤快,我仗着脑子好使,从来都将知识在大脑里整理。我觉得动笔记东西有一个缺点,那就是写在纸上的东西保留了'信息'的形式,有一部分无法完全记忆,总要回到纸上来现找,费时费力,形成对笔记的依赖。"

那么,你认为这两位同学,谁的做法更可取呢?

多数学习好的同学都认为,别人的方法,你可以借鉴和参考,但决不要原样照搬。因为每个学生自身情况不同,对学科掌握的程度不同,所以方法也会有所不同。每个人也应该相信自己的学习方法,切不可邯郸学步。学习方法多种多样,不能因为看了某篇文章,而放弃了自己的学习方法。所以,重要的是,制订适合自己的学习方法,方法对了,效率就有了。

总之,要找到只属于自己的学习方法,不要盲目地追随别人的方法,适合自己的才是最好的!

把疑问暂时"冷藏"起来

可能很多人都遇到过这样的问题，在学习的过程中，随着你接触的知识不断增多，你对知识的疑问也就增多了，此时，你该怎么办？一般来说，学习过程中遇到的疑问有三种情况及处理方式：一是自己通过思索就能解答的，当然是自己解决；二是自己无法解决的，那就请教师长、同学或者查阅书本资料加以解决；三是自己思索并请教别人后，仍是不甚了解的，这时候又该如何处理呢？弃之不顾，当然不可取；死钻牛角尖，也不明智。怎么办？你可以用"不求甚解"的方式来对付它。

什么叫"不求甚解"？就是把疑问暂时"冷藏"起来，不要妨碍自己对新知识的学习。随着对新知识的不断掌握与巩固，在经过一段时间之后，可以对前一时期的疑问重新思考。由于新知识的掌握和一段时间的复习，旧的知识也会有所巩固和提高，举一反三，往往过去的疑问便迎刃而解。有时甚至在学习新知识的过程中，那些疑问会突然闪现在脑海里，豁然开朗，这就是"触类旁通"之妙。

"我这人在学习上比较随意，不会钻牛角尖，我周围的很多同学学习都很勤奋，对于那些不懂的问题，经常都会死磕下去，找不到结果誓不罢休，而我呢，我经常都说：'放一边吧，也许答案自己会站出来的。'事实上，这种方法对于学习是有很好的效果的，因为我们的知识总是在不断增长的，前面我曾弄不懂的问题，新的原理、概念能帮我解决。举个很简单的例子，我们八年级时搞不懂的数学问题，高中时再回过头来，是不是觉得很简单呢，这是因为我们的知识储备量丰富了，那些问题也就迎刃而解了。"

从这段表述中，我们大致明白了"不求甚解"冷藏法的妙处，当然，正如他所说，问题的答案会自己"站"出来是因为我们知识储备量的增多，也就是，只有学好新的基础知识，我们才有可能有新的知识层面，才有解决问题的可能。

对于这种处理疑问的方式，某位成绩优异的同学说："进入初三以后，基本上就开始中考前的总复习了。总复习共有三遍，第一遍是按章节进行复习，主要目的是弄清每个知识点；第二遍要打乱章节顺序，按专题进行复习，目的是从宏观上对知识有一个再认识；第三遍复习是查漏补缺，主要是对前两遍复习后仍未掌握的知识进行强化复习。

"许多同学认为知识复习的次数越多，效果就会越好。其实并不一定，如果复习质量不高，复习多少遍也不会把知识掌握牢固。如果真是踏踏实实地按老师的安排复习三遍，参加中考就一定没问题。而许多初三的学生往往都有急功近利的心理，他们确实很努力、很辛苦，他们看不起每一科最基本的定义、定理，认为中考不会考这么容易的东西，所以他们赶在老师安排之前，狂做中考模拟题，这样必然造成基础不扎实，从而使提高答题技巧成为'无源之水，无本之木'。"

从这段话中，我们可以看出一点，在使用"不求甚解"冷藏法这一点上，我们还应该重视基础知识的学习、掌握和复习，不然，就会造成如他所说的"无源之水，无本之木"的情况。

除此之外，"不求甚解"的"冷藏"法还要有几个前提条件加以保证方才有效：

第一，做好预复习工作、认真听讲、记好笔记这些常规学习事项，因为这是学习和掌握知识的基本保证，离开这个基础，连能否学会知识都成了疑问，还谈什么解决学习过程中的疑问呢？

第二，要勤于思考，善于思考。勤于思考，才会有疑问的产生和解决，才会有知识的掌握和巩固。善于思考，要讲究思考的方法。我们学习的知识是一个统一的体系，前后左右紧密联系，不但前后知识之间能互相启发，而且有时不同学科的知识也能互相启迪。我们在思考问题时，不能孤立地停留在某一知识点上，要扩展思维，联系更多的知识去帮助思索。

复述是最好的记忆方式

对于学生来说，记忆书本知识，比如语文中的课文、英文单词等，他们采取的多半是背诵的方式。然而，背诵就是最好的记忆方式吗？当然不是。从发展心理学看，人类刚开始的记忆方式并不是背诵，而是复述。从认知心理学看，记忆分为瞬时记忆、短时记忆、长时记忆。其中记忆时间最短的瞬时记忆经过"注意"过程可以转入短时记忆，短时记忆中的内容经过"复述"过程可以转入存储时间最长的长时记忆，其中"复述"过程就是重复记忆。

心理学家艾宾浩斯的遗忘规律也告诉我们，遗忘是先快后慢、先多后少，因此要及时复习和记忆。重复记忆将会使记忆得到强化。

对于记单词、背课文等，我们的注意力是集中在文字的编排上而不是对文章的理解上。当然有些学生是理解之后背记的，如果只是单纯的背诵，那么，这些语句只会进入语言中枢的浅表层，只是短期记忆，还没有和更深层次的思维建立联系。有些学生背了半天，甚至都不知道是什么意思，如果让他们讲出来，只能是有上句接下句的程度，而且这种背记，遗忘的速度会非常快。而复述，是将输入的语言信息完全理解了，该转化的都转化了，通过思考之后，再用自己的语言讲出来。那么，这种方法获得的知识更能被我们记住。

复述过程是认知、理解、记忆、推理、归纳等各种因素综合作用的过程。复述需要熟悉原文，因此，学会复述还有利于我们理解原本的知识，从而提高我们的语言表达能力。因此，别再一味地把背诵当成唯一的记忆方式了，尝试着去复述知识，也许你会记得更牢固。

自我复述记忆法是把识记材料变成自己的话，以达到加强记忆的目的的一种方法。这是一种很有用的且适合中学知识的记忆方法。首先，为了能自我复述出来，集中注意力是必不可少的。注意力集中，大脑对识记材料的记忆就加深了。其次，想自我复述出来，理解是必须的，要想把书上的文字或图形变成自己的话，不能理解就无法达到这种目的。因此，要防止死记硬背。

记忆不是死记硬背，要有灵活性，复述也要讲方法。以学习英语为例，复述就是一种很好的自我训练口语、记忆单词或语法的方式。复述有两种常见的方法：一是阅读后复述，二是听录音后复述。第二种方法更好些，这种方法既练听力，又练口语表达能力，同时，可以提高注意力的集中程度，而且还可以提高记忆力，克服听完就忘的毛病。

复述的原则是循序渐进。同样以学习英语为例，在复述的过程中，可由一两句开始，听完后用自己的话（英语）把所听到的内容说出来，一遍复述不下来，可多听几遍，越练遗忘就越慢。在刚开始练习时，因语言表达能力、技巧等方面原因，往往复述接近于背诵，但在基础逐渐打起来后，就会慢慢放开，由"死"到"活"。在保证语言正确的前提下，复述可有越来越大的灵活性，如改变句子结构，删去一些不大有用或过难的东西，长句可以缩短，甚至仅复述大意或作内容概要。

复述的内容也要有所选择。一般来说，所选资料的内容要具体生动，有明确的情节，生词量不要太大，可选那些知识性强的小短文，开始时可以练习复述小故事，有了基础后，复述的题材可扩展开些。

复述表面看起来费时间，实际上对我们综合能力的培养很有帮助。如果时间较充足，可以在口头复述的基础上，再用笔头复述一下，这样做不仅可以帮助我们记忆，还可以加深掌握语言的精确程度，提高书面表达能力。

做笔记一定要突出重点

在中学学习阶段，相信每个学生都能认识到笔记的重要性。然而，在笔记这一问题上，有些学生根本不做笔记，有些学生则是盲目地做笔记，关于后者，如果我们翻看他们的笔记，则会发现，他们的笔记很详细。可能你会产生疑问，难道笔记不是越详细越好吗？当然不是！

目前已被清华大学建筑学专业录取的泉州五中学生林雨铭，早在中考前，他的笔记就被学弟预定了。他认为，我们可以借鉴别人的笔记，看看自己对知识体系有没有疏漏，但是直接复印或抄过来不好，印象不会深刻，自己整理的其实最有效。

一直以来，雨铭都有预习的习惯，他总结经验说，预习的时候，笔记记录的主要是关注的基础知识点；在课堂上的话，则比较注意之前没有注意到的，以及老师重点强调的；他在课后虽然没有太多地去整理笔记，但是再大的考试前都会重新翻看一下，他说："保留并整理所有卷子，虽然没有再抄写也算一种补充。虽说不指望看到的题目有考到，但也算是一种提醒吧。"

他提醒学弟学妹们，做笔记一定要突出重点，不要过分详细，可以留出一定的空白，到后面才可以补上被忽略的知识点。

正如林雨铭所说，做笔记其实不可过分详细，而应该记下一些重点内容。那么，什么是重点内容呢？如何记笔记才能全面、效率高呢？

1.记提纲

有的同学反映，课堂上记数学笔记，常感到听了来不及记，记了来不及听。其实，没必要记下所有的东西，应详略得当，提纲挈领。记好提纲，脉络清楚，然后可根据提纲进行回忆、补充。有了恰当的提纲，我们在整理笔记时，就可以进行补充和完善，加深对相关内容的理解和把握。

2.记思路

记思路是切实有效的，有了思路，就像航海时有了航标灯，自然就有了前进的路线和方向。记思路也要因地制宜，如果对于一个困难题，听了或看了仍头绪不清，难以理解，比较茫然，这时，记思路就应该详细些，并记好结论，方便复习和思考。

3.记重点

首先要关注开头和结尾。开头时能明确提纲、把握重点，记录时就有的放矢。结尾虽话语不多，却是这节内容的精彩提炼和复习巩固的提示。我们要高度关注老师反复强调的内容。重点内容在课堂必会得到反复强调，有时老师会把有关内容框出、画出，或者用彩色笔写出以求引人注目，突出重点。明确了重点，我们的记录就能详略得当。在记录重点时，也要不失时机记下有关解析内容的经典范例和突破重点的巧思妙解。

4.记疑难

在教学过程中，老师经常会用一个经典的例题或恰当的比喻来引入概念、突破难点、强化重点、说明方法或优化思维，有的会让我们恍然大悟，有的会让我们回味无穷。记下补充的内容，用到的时候可以信手拈来，使得我们在学习的过程中能发挥这些补充内容的功能，深刻理解知识，牢固掌握方法。

5.记感悟

学习可以分为三个层次，一是"懂"，就是听懂老师讲解的内容或看懂书上的有关内容，这是学习要达到的初级层次。二是"会"，需自己动手、动脑进行模仿练习和实践。三是"悟"，就是对所学知识悟出道理来，对所训练的方法悟出规律来，把握本质这是学习的高层次，也是我们追求的效果。

6.记总结

每节课听下来，老师都会归纳或引导同学归纳所学知识的精髓，通过高度概括，简明扼要的方式。使得学习内容清晰易懂，因此认真记录这些总结内容，可以帮助我们更加直观地掌握所学的相关知识点。如果自己能给出言简意赅的总结，说明这部分知识得到深刻理解，方法也掌握得游刃有余了。

都说"好记性不如烂笔头"，状元不可复制，但好习惯是可以借鉴的。一份好的笔记，字迹清晰、条理分明、主次得当，这些优点都是每个同学可借鉴的。

第 3 章

调整心理状态：
劳逸结合，缓解学习焦虑

学习出现疲倦时，请注意休息

生活中，相信很多人都有养花草的经验，除了一些生命力特别强的花草外，一般的花草都需要遵循它的生长规律精心呵护、细心培植，才能保证它的健康成长。其实，我们的大脑对知识的摄取也如同花草的生长一样，是有一定的规律可循的。然而，作为高中阶段的学生，除了家长和老师给我们的压力外，我们自身也在无形中给自己施压，我们总是在不断地挑战高难度、高强度的任务，以期达到更好的学习效果，结果却是越刺激越疲软；也有一些学生，觉得自由状态下，也就是没有任何任务难度和条件刺激的状态下学习的效果最好，然而，这种学习方式有时却也适得其反，与初衷相去甚远。这两种状态都是不了解大脑活动规律的表现，都不能达到良好的学习效果。

那么，人的大脑活动究竟遵循着怎样的规律呢？

首先，我们要了解的是，兴奋和抑制是神经活动的两个基本过程，任何神经活动都是这两个对立面的统一。兴奋过程表现为使神经所支配的器官从安静状态变为活动状态或使原有活动状态增强；抑制过程则表现为该神经所支配的器官活动状态的减弱或终止。在一定范围内，条件刺激越强，它所引起的条件反射量越大；但是，当刺激强度和时间超过一定限度时，反应量不但不增加，反而减少。也就是说超过一定限度的刺激不再引起皮质的兴奋，反而会引起抑制，这就是超限抑制。超限抑制具有生物学保护意义，因为兴奋过程超过一定限度如果不能转化为抑制，就会导致神经组织的损毁。

可见，抑制并不是不活动，而是一种特殊的活动，其特殊性表现在它能调节兴奋过程，减弱或压抑兴奋过程，使兴奋过程按照正常轨道运动。它是兴奋过程的调节者，与兴奋过程相互联系、相互作用。这两种神经过程的对立统一，是大脑皮层正常活动的基础，两者失去平衡，人就会出现病理现象。

在学习过程中，如果你的学习材料难度过大、学习时间过长，会使大脑皮层从兴奋转入抑制状态，使你产生疲劳或疲劳感。因为学习活动既包括身体的活动，也包括精神的活动，因此，过量的学习活动既会引起生理的疲劳，又会引起心理的疲劳。生理的疲劳表现为肌肉失调、姿态不正、痉挛、无感觉、无能力等，极度的生理疲劳可使脑部受损、神经崩溃、心理活动遭受破坏或停止。心理的疲劳表现为怠倦、精神涣散、厌恶、反应迟钝、情绪不安、效率下降等，严重的也可能完全不能进行工作。

因此，当学习出现疲倦时，就应该采取积极有效的休息措施，以恢复大脑功能。当然，这里的休息，是要真的休息。有些学生虽然停止了学习，但是并没有从学习的疲劳感中解脱出来，他们总是在担心单词没有背完、题目的答案没有解答出来，换而言之，他们的疲劳不只是劳动强度带来的疲劳，还有心理压力给自己带来的疲劳。其实，关于如何休息，怎样才能让大脑高效休息，是大有科学的，它直接影响了我们的学习效率和学习心态。我们应该找到适合自己的最高效的休息方式，除了"课间十分钟"，你一定还有很多更好的方式让自己科学休息，更好学习。

克服不良情绪，保持健康心态

古话说得好："兵马未动，粮草先行。"对于考士而言，心态无疑是战时粮草，需要在战前就调整到位，才能为克敌制胜提供保障。心态是什么？心态就是性格和态度。性格是一个人独特而稳定的个性特征，它表现为一个人对现实的心理认知和相应的习惯化的行为方式，而态度则是一个人对客观事物的心理反应。对考试而言，心态就是指与学习和考试相关的心理、情绪、感情、意志等。比如，对于初中生而言，到了初三就会面临心态调整的问题。初三的考试，会多得如吃饭一般平常，在这么多场考试之中，难免会有考得好和考得不好的时候。考得好的时候没有问题，可以给自己多一些鼓励；而考得不好的时候，心态上就会发生变化，有的同学会想，如果中考也和这次一样考砸了怎么办。其实，出现这样的心态变化是正常的，关键在于我们要及时调整这种得失心态，克服自己情绪起伏较大的坏习惯。

第一次学业测试成绩出来了，小南成功跻身年级前十名。当他在密密麻麻的成绩报告单上发现自己的名字赫然在前十名的时候，他高兴得跳了起来，朋友小柯朝他竖起了大拇指，说道："看来，你这个月的学习没有白费，再接再厉哦，你现在可是我赶超的对象哦，千万不要骄傲，小心从高处摔下来。"小南还处于兴奋状态之中，也没多在意小柯的话。

第一次学位测试之后，小南觉得自己现在的成绩算是有点稳了，他没怎么在意之后的复习计划。他还是按照之前的学习方法学习，不过，状态明显松弛了下来，他不再那么紧张地学习，每到晚上做练习的时候，他常常偷懒，本来打算做五道题的，结果只做了两道题就睡觉了。

很快，迎来了第二次学业考试，不知道是小南学习方法不对，还是状态不集中，竟然出现了"滑铁卢"。之前，小南的成绩虽然不能名列前茅，但总是年级前十五名左右，但这次不仅跌出了前十名，而且落到了三十名之外。并且，小南发现，朋友小柯的成绩都进步了，没想到自己却退步了。小南心里一团糟，再想想自己之前的兴奋劲，难道这就是乐极生悲？

在学习过程中，我们所遇到的都是大大小小的考试：学业测试、模拟测试等。我们的心情和情绪往往随着考试成绩忽上忽下，成绩提高了，自己会变得兴奋异常，觉得自己升学有希望了；成绩下降了，会灰心丧气，觉得自己的高中梦破碎了。本来，这只是正常的情绪反应，但在升学这一重要阶段，我们的任何心态都将影响学习，比如，当我们为成绩提高而高兴的时候，就会不自觉地放松学习；当我们为成绩而灰心的时候，更没有精力好好学习。因此，在考试的成功与失利面前，要端正自己的心态，所谓"胜败乃兵家常事"，无论这次是成功还是失败，只要自己一如既往地学习，那么成功总有一天是会属于我们的。

那么，我们该如何克服不良情绪，保持健康心态呢？

1.以正确心态面对考试

范仲淹说："不以物喜，不以己悲。"很多事情都有可能面临失败与成功，而我们所需要做的就是保持正确的心态。如果心态浮躁，那么，在考试成功的时候，就会欣喜若狂，内心滋生出骄傲的情绪，甚至会放松自己的学习；

但在考试失利的时候，我们就会灰心丧气，一蹶不振。这样的心态就是不正确的，我们有可能会因骄傲而跌倒，也有可能因失败而灰心放弃。而最好的心态就是平常心，在成功面前保持谦虚的态度，在失败面前依然充满着信心。

2.不要太在意考试的失利与成功

考试的失败与成功只是一件小事而已，当我们长大成人，你会发现生活中还有许多困难与挫折在等着你，这样一比较，就会觉得考试真的是一件微不足道的事情。人生漫漫长路，不能总一帆风顺，总是有着这样或那样的挫折与困难，而当我们在面对这些困难与挫折时，难免就会有失败，而我们只需要学会接受。

3.敞开心扉，说出自己的烦恼

在学习过程中，暂时的情绪低落未必是一件坏事情，关键看我们怎么去调整。出现这种情况的时候，我们可以选择听听歌、看看电影，假如还是没办法排解自己内心的忧愁，那就找父母、同学、老师聊聊天。许多事情憋在心里，时间长了就会成为负担，甚至会成为前进路上的绊脚石。不要担心老师或父母会责怪自己，我们应该清楚，大家都是为了我们好，都想帮助我们进步。只要我们能够敞开心扉，把烦恼说出来，就没有什么解决不了的问题。

均衡安排自己的时间，把握学和玩的度

爱玩是孩子们的天性，尤其是被困在学校里学习了好几个月的他们，一旦听说有时间玩，那就像被放出笼的鸟儿，雀跃不已。孩子很想玩，想以玩来放松自己紧张的心理，想以玩来释放积聚在心中的压力。很多时候，即便学生们在埋头学习，但他们更希望可以驰骋在自己最爱的篮球场、足球场，只有他们玩得畅快了，学习起来才会更加踏实。但是，如果学生在学习的时候，心里总想着去玩，那么，就会学习得很糟糕；如果学生在玩的时候，惦记着没写完的作业，那么，也会玩得不愉快的。对此，我们的建议是学得踏实，玩得愉快。简单地说，在学习的时候，要一心一意，认真踏实；在玩的时候，不要有太大的负担，如此把握好学和玩的度，这样才能均衡安排自己的时间。这是一位老师对玩与学的建议：

早上7：20，我像往常一样准备走进教室，还没到教室门口，就隐约听见学生的笑声，仔细一看，有好几位同学正在空地上踢毽子，看到我来了，都急匆匆地跑进了教室。

我正想生气，但想到，与其让孩子安心学习，不如玩得痛快。于是，我说："大家都拿好毽子到空地上，我们一起来比一比，看谁踢得最棒。今天一定要比出个踢毽子的能手来。"同学们蜂拥而出，一对一排成两列，分别进行

了单脚踢、双脚踢、打擂赛，在同学们的欢呼声中比赛结束了。

回到教室，离下课只有15分钟了，对于听写一个单元的单词来说时间很紧张，但同学们坚持要完成。为了赶时间，我报词的速度很快，但是同学们的学习氛围十分高涨，完成的质量我也很满意。

看来今天的毽子还真是踢对了，这就是办事效率，不是待在教室里的时间越多越好，过多地约束同学们玩的时间，很有可能造成相反的效果。

玩痛快了，可以学得更踏实；学踏实了，可以玩得更痛快。

在学习累了的时候，我们需要适当的玩乐来调剂自己。比如，与同学爬山、郊游、运动等等，这些都是很健康的玩法。你可以在玩中放松自己，缓解学习带来的压力，也可以在玩中使大脑得到休息。酣畅淋漓之后，你会发现，自己有一种从未有过的轻松感，以这样的精神状态再投入学习中，肯定能取得事半功倍的效果。

对于学和玩，有以下几点需要注意：

1.玩和学都需要一定的度

任何事情都要有一个度，玩和学习也是一样的，我们既不能没日没夜地学习，也不能玩得通宵达旦。一旦超出了这个度，我们可能会因为学习压力而倒在教室里，也有可能玩物丧志。对此，我们要合理地支配自己的时间，从学习时间里抽出一点时间来玩，这样，既学到了知识，提高了学习的效率，又能痛痛快快地玩。如果明明知道还有作业要写，但我们却一个劲地想着玩，最后只能通宵赶作业，这样又会造成第二天上课没精神。如此顾此失彼，最终的结果就会影响学习质量和效率。

2.以学为主，玩只是偶尔调剂

青春期是学习的黄金时期，我们的主要任务是学习，而不是玩。如果我们一心只想玩，忘记了学习，甚至痴迷玩，因为玩而厌恶学习，那么就是本末倒置。所以，在安排玩和学习的时候，我们需要以学习为主，必须先把该做的练习做完、该写的作业写完，才能抽出一点时间去玩。学习是我们的主要任务，而玩只是生活中的调剂，玩的时间不能太多，太多就会打乱我们的学习与生活。

3.选择健康的玩法

我们只能接纳健康的玩法，诸如打篮球、踢足球、爬山、郊游等等，通过这些运动，可以使我们达到身心休息、释放压力的目的。但如果通宵达旦地玩游戏，这样的玩法只会使自己越来越堕落。所以，我们在玩的时候，尽可能选择健康的方式，这样才能达到玩的目的。

适时运动，缓解学习压力

我们都知道，生命在于运动，美国运动医学院的研究表明，正确的运动可帮我们持久保持健康活力和苗条体态。现实生活中，那些要面临升学压力的中学生们，经常会被学习压力和不良情绪所困，对此，有些学生选择向他人发泄，有些学生选择闷在心里，也有的感到无所适从。殊不知，运动是排解压力的一种行之有效的好方法。

不知你有没有这样的体验：当情绪低落时，参加一项自己喜欢又擅长的体育运动，可以很快地将不良情绪抛之脑后。这是因为体育运动可以缓解心理焦虑和紧张程度，分散对不愉快事件的注意力，将人从不良情绪中解放出来。另外，疲劳和疾病往往是导致人们情绪不良的重要原因，适量的体育运动可以消除疲劳，减少或避免各种疾病。

体育锻炼对于改善神经系统的调节机能，对于学生们学习能力以及工作效率的提高，都起着积极作用。比如学习累了，到户外活动一会儿再回来学习，学习效率肯定会提高。这也是我们安排课间10分钟的原因。

体育锻炼对身体的良好作用，也是通过神经系统的影响而实现的。经常进行体育锻炼的人，大脑皮质神经细胞的兴奋性、灵活性和耐久力都会得到提高。灵活性提高了，反应也就更快了，从人体活动上看，表现出机灵、敏捷，它自然反映着大脑本体的敏锐、灵活，使学习和工作都处于最佳状态，并能坚持较长时间。经常进行体育锻炼的人，在自然环境中接受寒冷和炎热的刺激，能够提高对环境变化的适应能力和对疾病的抵抗能力。

日常生活中，坚持体育锻炼、多运动并不会耽误学习，还能帮助我们舒缓身心、减轻压力，让我们有个健康的体魄，从而应对高强度的升学考试。也许你会产生疑问，学生可以参与哪些运动呢？

运动分为有氧运动和无氧运动两种，无氧运动一般都是短时间高强度的，对人的意义不大，弄不好还容易伤到自己。最好还是有氧运动，不但有锻炼身体的效果，而且还能调节情绪问题，有效应对情绪"中暑"。

常见的有氧运动项目有：步行、快走、慢跑、滑冰、游泳、骑自行车、打太极拳、跳健身舞、跳绳、做韵律操等。有氧运动特点是强度低、有节奏、不中断和持续时间长。同举重、赛跑、跳高、跳远、投掷等具有爆发性的非有氧运动相比，有氧运动是一种恒常运动，是持续5分钟以上还有余力的运动。当然，无论做什么运动，都要做到坚持，不能三分钟热度。长时间坚持下来，你会发现，自己不仅拥有了一个健康的体魄，还能经常释放心理压力，重新获得学习的能量。

劳逸结合，提高学习效率

曾经有人说，人的生命只有两种状态：运动和停止。生活中，要面临升学压力的中学生们，每天的生活重心都是学习，努力学习固然不错，但并不意味着要一刻不停地学习。适可而止，会休息才会成长。因此，无论怎样，我们都要懂得休息，只有劳逸结合，才有更高的学习效率。

可能有些学生会认为，马上要参加考试了，剩下的时间已经不多了，于是，他们会选择夜以继日地学习。争分夺秒地抓紧时间学习固然好，但要保证学习效率。拼时间、搞疲劳战术不可取，这样会影响学习效率，为此，我们要注意劳逸结合。

那么，在学习中，我们该怎样做到劳逸结合、调整自己呢？

1.统筹兼顾，合理安排

我们应该合理分配学习、休息的时间，做到劳逸结合，把握好生活节奏。

2.保证睡眠，事半功倍

高质量的睡眠永远是最有效的休息方式。无论是在平时还是临考，我们都要调整好自己的作息时间，坚持早睡早起。另外，要防止失眠，我们要调整好心态，放松心情才能很快入睡。

3.没必要补课

那些中考状元,都坚持一个观点——中学生没必要补课。的确,学习讲究的是方式、方法,疲劳战术是最不可取的。中学生活不像人们想象中的那么可怕,根本没必要将所有时间都投入学习中,只要课上认真听讲,多和同学交流,把错误的题及时弄会,是很容易学好知识的。

4.留出一些机动时间

可能你会认为,忙碌的一天才是充实的一天,也许你还会把自己一天的时间安排得满满的,但一遇到突发事件,就手忙脚乱了。其实,我们应该学会合理规划时间,留出一些时间处理突发情况;而即使没有出现这些突发情况,我们也能给自己一个放松和休息的机会,或与父母、朋友联络一下感情,回顾一天学习生活中的得失等。

总之,每一个渴望提高成绩的中学生都要明白一点,单纯靠挤时间是没用的,我们必须记住世界上有比时间更重要的东西:效率。我们必须要记住,每个人一天都只有24个小时,再怎么挤时间也有限,但是时间利用的效率是可以成倍提高的,而且提升的空间很大。当我们在思考如何利用时间的时候,首先要想到的不是去从哪里抠多少时间出来,而是怎么样提高现有时间的利用效率。

对症下药，顺利走出低谷

可能很多中学生都有过这样的困惑：为什么我在经过一段时间的努力学习后变得停滞不前、提不起学习兴趣了呢？实际上，这就是学习中常见的"高原现象"。

"高原现象"是一个比喻。现在，我们来画一个图形，以时间为x轴，学习效果为y轴，将学习者学习时所花的时间和取得的效果连成一条线，从这条线中，我们不难发现一个问题：第一，一般情况下，学习者的学习效果如何，是与其学习时间成正比的；第二，很多时候，时间和学习效果这两者之间的关系，并不是完全呈线形变化的。也就是说，在学习者刚开始学习时，曲线显示的是学习者花的时间越多，进步就越快，学习效率就越高，但接下来，曲线显示的却是一个明显地接近水平线的波浪线。再接下来，又会出现较陡的上升曲线。

这条曲线所呈现的学习效率与所花时间、精力之间的关系，常被比喻为学习的"高原现象"，而中间呈相对水平状态的那段波浪线，常被比喻为学习的"高原时期"。也就是说，一般情况下，我们在学习的时候，在刚开始都有明显的效果，但后来就会出现一个收效不大的阶段，学习原地踏步甚至还会出现倒退的情况。此时，对于中学阶段的你来说，可能会感到慌张，不知道怎么办，会担心自己一直低迷下去。而其实，之所以会出现这样的低谷期，也是有一定原因的：

1.学习难度大、学习方法守旧

需要肯定的一点是，我们学习的内容的难度，是会随着学习层次的上升而逐渐加大。比如，高中知识比初中知识难度大，高二的课程比高一的难度大，因此，如果你还在用以前的方法学现在的知识，那么你自然会感到吃力。

2.学习动机因素

这一点多半会发生在那些学习成绩一般的学生身上，他们认为，反正自己学习成绩不怎么样，再怎么努力也不会有什么效果，于是他们变得得过且过，也不去努力。当然，一些学生则是目标过高，动机过强，总是无法企及，因而学习兴趣降低，甚至产生厌学等消极情绪。

3.身体原因

身体是学习的本钱，如果你身体不适，那么自然不能静下心来好好学习，学习效率低下，成绩自然就会有所下降。

在出现"高原现象"时，我们一定要找到原因，并平衡自己的心态，稳定情绪，这样才能走出"高原时期"。

其实，即使那些学习成绩优异的中考状元，在曾经学习的过程中，也可能遇到过"高原现象"，只不过他们能顺利从低谷期走出来，重新上路而已。那么，当我们陷入学习中的低谷期时，我们该怎样走出来呢？

第一，注重基础知识的学习。基础知识没有学好，在面对难度更大的知识时只能束手无策。因此，要想走出"高原时期"，我们首先需要打好基础。

第二，改进学习方法。在学习中，我们一定要懂得思考，要发现哪些方法是应该保持的，哪些是需要改进的。比如，如果我们没有复习的习惯，那么我们就会很容易忘记刚学习过的内容，这一点就是需要改正的。

第三，坚持体育锻炼。即使你再聪明、学习再努力，若没有一个好身体，那么也无法发挥你的自身能力。因此，不要把所有精力都花在学习上，而应该提醒自己多锻炼身体。有的学生为了学习而忽视锻炼，身体越来越弱，学习越来越感到力不从心，这样怎么能提高学习效率呢？

第四，注意休息。熬夜学习并不能取得很好的效果，因为只有充足的睡眠才能保证第二天精力充沛，因此，我们要按时就寝，坚持午睡。

总之，"高原现象"在学习每一种新知识时都会发生，在各个年龄段的学生身上都会出现。这种现象和学习者的年龄、学习内容、心理品质等诸多因素都有关系，而且会循环出现，有时持续时间短，有时持续时间长。中学阶段的你，如果遇到了这一问题，一定不能急躁，而应该找到具体的原因，对症下药，顺利走出低谷。

自我激励帮你重新获得能量

德国人力资源开发专家斯普林格在其所著的《激励的神话》一书中写道："人生中重要的事情不是感到惬意，而是感到充沛的活力。""强烈的自我激励是成功的先决条件。"学会自我激励，就是要经常在内心告诉自己，我相信自己可以做到。如果你的心被自卑掩埋，那么，你已经输了。

对于学生来讲，有时候难免会出现一些消极情绪，比如焦虑、畏惧等，战胜它的法宝就是自信心和勇气。那么，我们该怎样自我激励，以获得信心呢？

1.跟自己比，不和别人比

自信是成功的第一秘诀。自信心的树立，不在于和别人比较，而是拿自己的今天和昨天去比。

现实生活中，大家都习惯了去和别人比较，山外有山，这样和别人比较下去是没有尽头的，只会在比较中失去了自信，同时也被周围的环境牵着鼻子走。所以建立自信最关键的一步就是改变自己老是和别人比较的习惯，一旦自己不知不觉地在和别人比较，就要提醒自己打住。这是个思维习惯的问题，经过一段时间的纠正肯定能够克服。

2.学会微笑

我们都知道笑能给人自信，它是医治信心不足的良药。如果你真诚地向一个人展颜微笑，他就会对你产生好感，这种好感足以使你充满自信。正如一首诗所说："微笑是疲倦者的休憩，沮丧者的白天，悲伤者的阳光，大自然的最佳营养。"

3.走路抬头挺胸

外在的姿态和步伐和人的内心体验有着密切关系，人在充满信心时挺胸抬头，走起路来步伐矫健，速度也稍快。人在丧失信心时会低头哈腰，走起路来无精打采，速度缓慢。因此，同学们平常走路时要坚持抬头挺胸，这样有助于增强自己的自信心。

4.运用积极的自我暗示

一种是有根据的自我暗示，对于自己的优势要不断地在心理上进行强化，对于自己的劣势，需要制订详细计划进行克服，相信这些劣势经过一段时间后会转变为自己的优势。不管是现在拥有的优势还是经过一段时间能够转变为优势的劣势，都是实实在在的东西，看得见摸得着，这是自信的基础，是自己很容易就能自信的根据。

另一种是没有根据的自我暗示，即时刻提醒自己：我是世界上最棒的，我有实力，我有能力，我一定会成功。

5.客观对待负面信息

影响自信心的负面信息总是随时出现的，最常见的就是遇到不会做的题目。对于这类题目不要一概而论，要客观分析，属于自己能力以外的就不要放在心上，即放弃它，而且这类题目在中考中绝对只占一小部分，剩下的经过自己的努力在下次考试中一定可以做出来。

6.多做自己的优势题目

一方面可以巩固自己的优势，另一方面可以提升自己的信心。而且中考试卷中30%为容易题，50%为中等题，20%为难题，我们的优势应该能够覆盖容易题及中等题的大部分。

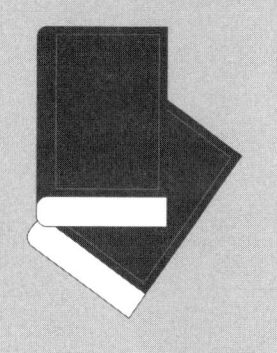

第 4 章

增强记忆力：
让知识乖乖在大脑里待着

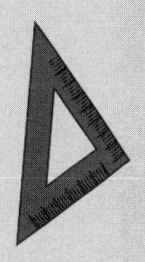

好的记忆力是学习的基础

我们该如何获得知识？当然是学习。然而，学习包括很多方面，其中就包括记忆，可以说，任何人要想获得知识，都离不开记忆。记忆是人类认识和改造世界的基础，是人类智力活动的一个重要组成部分。

每个正常人都具有记忆的条件和能力，我们每天都在和记忆打交道，都在自觉或不自觉地记忆。人脑是世界上最大的图书馆，人脑的网络系统的复杂程度远远超过北美洲全部通讯网络。一生孜孜不倦学习的人，其大脑存储的知识相当于美国国家图书馆的50倍。

对于中学生来说，学习更离不开记忆，记忆在学习中起着至关重要的作用。无论是接受间接知识或积累个人的直接经验，都离不开记忆，同时，记忆离不开人们认识客观事物改造客观世界的实践活动，一个人的记忆力关键还是靠在实践中磨炼提高。不同年龄的人宜采用不同的记忆方法，不同的记忆内容可采取不同的记忆方法，不同的环境条件下应采取不同的记忆方法。

所谓记忆，指的是经历过的事物在头脑中保持和重现的心理过程。有没有记住，主要看能不能再认，能不能回忆和能不能复做。例如，解答一道选择题，当看完题目之后，答案还没有在头脑中出现，但一看供选择的答案，立刻认出其中有一个是该题的答案。这种感知过的事物再次出现在眼前时，能够认识它们的现象就叫再认。至于经历过的事物不在眼前，也无人提示，但能独立地再现出这一事物的印象，这种现象叫回忆。这种情况在学习中比比皆是，如背诵课文、记单词、写化学方程式、使用公式解题等。学过的动作，在需要时能准确地重复做出来，叫做复。能"回忆"出来，反映了较高的记忆水平。

记忆在学习中具有很大的作用，没有记忆，学习就无法进行。法国一位数学家说："记忆是一切脑力劳动之必需。"法国作家伏尔泰说："人，如果没有记忆，就无法发明创造和联想。"

具体地说，记忆在学习中的作用主要有以下几点：

1.学习新知识离不开记忆

知识具有严格的系统性，学习总是由浅入深，由简单到复杂，是循序渐进的。正如建造大厦那样，要从打地基开始，一层一层建起。老师在讲课之前，要求学生进行预习和复习，正是为了使学生记住学习新知识所需要的旧知识，以便把新旧知识联系起来。忘记了有关的旧知识，却想学好新知识，那就如同想在天空中建楼一样可笑。如果学高中电学知识时，初中电学知识全都忘记了，那么高中的电学就很难学习下去。一位捷克教育家说："一切后教的知识都根据先教的知识。"可见记住先教的知识对继续学习有多么重要。

2.思考离不开记忆

面对问题，进行思考，力求解决，可是一旦离开了记忆，思考就无法进行，问题自然解决不了。假如在做求证三角形全等的习题时，把三角形全等的判定公理或定理给忘了，那就无法进行解题的思考。人们常说，概念是思维的细胞，有时思考不下去的原因是思考时把需要使用的概念和原理遗忘了。经过查找或请教又重新回忆起来之后，中断的思考过程就可以继续下去了。宋代学者张载说过："不记则思不起。"这话是很有道理的。感知过的事物不能在头脑中保存和再现，思维的"加工"也就成了无源之水、无米之炊了。

3.提高学习效率离不开记忆

记忆能力强，就可以在头脑中建起一个贮存库——"智慧的仓库"。在这"仓库"里贮存着通过学习获得的一切有价值的成果，在新的学习活动中，当需要某些知识时，则可随时取用，从而保证了学习和思考新知识的迅速进行，节省了大量查找、复习、重新理解的时间，使学习效率大大提高。

总之，如果你想提高学习成绩，想真正获得知识，就必须要重视记忆的作用。

巧妙提升你的记忆力

对于学生来说，如何增强记忆力是每个人都关心的问题。学习是一个知识积累的过程，知识的积累离不开记忆，而考试作为检验学习的一种手段，需要对记忆的知识和信息加以提取。因此，记忆的效果直接影响到学习质量和考试成绩。那么，如何增强记忆力呢？

1.首先要对自己的记忆力有信心

经常有人抱怨自己记忆力不好。其实，人的记忆力表现在各个方面：有的人擅长记数字，有的人擅长记人名，有的人擅长记单词，有的人擅长记街道。千万不要因为自己在某方面的记忆力欠佳，就全盘否定自己的记忆力，丧失信心。对于自己不擅长的方面，完全可通过训练来加以弥补。

2.记忆要有明确的目的

不少学生有这样的体会：课堂提问前看书，记忆效果比较好；考试之前学习，记忆效果比较好。其原因在于记忆的目的明确，因为害怕记不住，会直接影响学习成绩。这种非记住不可的紧迫感，使记忆的效果大大提高。

实践证明，在其他条件相同的情况下，有明确的记忆目的，则记忆力持久且强劲，反之则短暂而微弱。在一个检查记忆力的实验中，把记忆力大致相同的同学分成两组，然后观看一段录像。其中A组同学事先得到明确的提示，大都能寻找出录像中有几处错误，而B组同学并没有什么明确的目的，其记忆力明显低于A组。

学习的实践证明，记忆的任务明确、目的端正，就能发掘出各种潜力，从而取得较好的记忆效果。一般来说重要的事情遗忘的可能性比较小，就是这个道理。

不少学生总抱怨自己的记忆能力太差，其实根本原因在于学习的动机和目的不端正，学习缺乏强大的动力，不善于给自己提出具体的学习任务。因此在学习时，就没有"一定要记住"的紧迫感，注意力就不容易集中，导致记忆效果很差。可是他们又不从学习动机和学习目的上找原因，反而一味地怪自己的记忆力太差，再去学习时，又缺乏"一定能记住"的信心，结果就更加记不住了，形成恶性循环，使学习成绩越来越差。

有了"一定要记住"的认识，又有了"一定能记住"的信心，记忆效果一定会好的。

3.学会提高注意力

记忆时只要聚精会神、专心致志、排除杂念和外界干扰，大脑就会留下深刻的记忆痕迹而不容易遗忘。如果精神涣散、一心二用，就会大大降低记忆效率。

4.学会提高理解力

理解是记忆的基础，只有理解的东西才能记得牢记得久。仅靠死记硬背，则不容易记得住。对于重要的学习内容，如能做到理解和背诵相结合，记忆效果会更好。

5.兴趣是增强记忆力的催化剂

一个人对他所感兴趣的信息和对象，会产生高度集中的注意力与观察力，精神上更加亢奋。

6.增强记忆力，就要及时复习

遗忘的速度是先快后慢。对刚学过的知识趁热打铁、及时温习巩固，是强化记忆痕迹、防止遗忘的有效手段。学习时，不断进行尝试回忆，可使记忆的错误得到纠正，遗漏得到弥补，使学习内容记得更牢。闲暇时经常回忆过去识记的对象，也能避免遗忘。

记忆与遗忘是对立统一的，人的遗忘是有规律的，表现为最初遗忘得较快，几天后会重新想起来，以后逐渐慢慢地遗忘。因此，在遗忘到来之前，必须及时地复习，以大大提高记忆的持久性。首先要有简练的复习提纲，依纲复习，"纲举目张"；其次要将及时复习、集中复习、分散复习相结合。

7.学会视听结合

可以同时利用语言功能和视听觉器官的功能来强化记忆，提高记忆效率。这比单一默读效果好得多。

8.科学用脑

在保证营养、积极休息、进行体育锻炼等保养大脑的基础上，科学用脑，防止过度疲劳，保持积极乐观的情绪，能大大提高大脑的工作效率。这是提高记忆力的关键。

记忆力是人脑的记忆能力，是人脑对于已知的经验、知识、心理体验和各种社会活动的识记。学习任何科学知识，都离不开记忆，而学习的最大障碍莫过于记忆力差。强记忆力能够迅速地、准确地、持久地掌握学习过的知识和技能，也能比较好理解、运用这些知识和技能。相信在掌握以上八点，并在实践中灵活运用，定能培养成较强的记忆力，更多地汲取科学文化知识，恣情地在知识的海洋里遨游。

学会理解事物，再去记忆它们

很多人抱怨自己总是记不住知识，其原因之一往往是不理解。理解是记忆的前提和基础，因此，理解是最基本、最有效的记忆方法。正如格言所说："若要记得，必先懂得。"日本教育界提倡的一句口号是："要理解，不要死记硬背！"捷克著名教育家夸美纽斯说："学生首先应当学会理解事物，然后再去记忆它们。""只有彻底地懂得，并且记忆了的东西，才能看作心理的财产。"

现在我们来做一个实验：

假如黑板上有以下20个名词——线、茶叶、勺、糨糊、剪刀、炉子、筷子、笔、衣服、火柴、酒杯、信封、纽扣、杯子、碗、邮票、水壶、碟、信纸、针，在看完两三分钟后默写一次。你能记住多少？

这里，我们可以将这些名词分类：与喝茶有关的——杯子、茶叶、水壶、炉子、火柴；与缝纽扣有关的——纽扣、线、剪刀、针、衣服；与吃饭有关的——碗、勺、碟、筷子、酒杯；与通信有关的——信封、邮票、糨糊、信纸、笔。如果能这样分组，相信记忆的效果一定会好很多。这属于意义识记，也就是理解事物的意义，并利用过去的知识和经验的一种记忆方法。而默写不好的学生往往是没动脑筋，只忠实于黑板上缺乏内在联系的名词顺序，直接去背。这属于机械识记，也就是不需要理解事物的意义或不需要利用过去的知识和经验，只靠对事物的重复来记忆的方法。

这两种记忆法在学习和生活中都会用到。例如，对原理、定义、定理、法则的记忆要靠意义识记；对历史年代、人物名称、山的高度、元素符号的记忆，就要靠机械识记。

了解了这个特点，记忆时就要尽量通过思考，待理解以后再记忆，这就不再是死记硬背了。而不理解就去记现成结论，就叫死记硬背。

理解记忆的运用步骤是：

1.了解大意

当我们记忆某个事物的时候，首先要弄清它的大致内容。拿读书来说，先要通读或者浏览一遍；如果是记忆音乐，先要完整地听一遍全曲。了解了全貌才能对局部进行深刻的理解。这也就是"综合"。

2.局部分析

对事物有了大致了解后，就要逐步深入分析。比如对一篇论文，要弄清它的论点论据，根据结构分成若干段落，逐个找出主要意思，也就是要找出"信息点"，加以认真分析、思考，以达到能编制文章纲要的程度。

3.寻找关键

也就是韩愈在他的《进学解》中所说的"提要钩玄"。找到文章的要点、关键和难点，并弄明白，牢牢记住。只有在此基础上，才能理解和记住其比较次要或者从属的内容。这正是"万山磅礴，必有主峰；龙衮九章，但挈一领"。

4.融会贯通

融会贯通就是将所理解和记住的各种局部内容，联系起来反复思考，全面理解。这样更有利于加深记忆。

5.实践运用

所学的东西，是否真正理解了，还要看在实践中能否运用。如果应用到实际工作中就"卡壳"，那就说明并未真正理解。真正的理解是有具体标准的。一是能够用语言和文字解释，二是会实际运用，在实际运用过程中会继续深化理解。

总之，在我们对所学的知识进行理解时，应该充分利用这些分析和综合的方法，以促进理解，提高记忆的效能。

利用联想，找到记忆目标

我们都知道，和思维一样，记忆的方法有很多种，其中就包括联想记忆法。所谓联想记忆法，就是由一种经验想起另一种经验的活动。根据事物间的接近性、相似性、对立性进行的联想相应分为接近联想、相似联想、对比联想。利用接近联想，从时间上或空间上与回忆目标接近的事物开始忆起，容易找到回忆目标。

这里，我们首先要掌握联想记忆法的几种形式：

接近联想，用相互接近的事物进行联想。

相似联想，用相似的事物联想。

对比联想，由相反事物的一方想到另一方。

归类联想，从同类事物中来联想。

因果联想，从原因想结果或从结果想原因。

创新联想，人为创造一种联系进行的联想。

而根据联想记忆法的内容的特征，我们又可以将其分为三种：

1.一点式记忆法

对于这种要记住的陌生的知识点，我们要做的就是运用编的技巧给它一个形象，或者利用联想的方法与它的真实含义人为地创建一个联系。例如对一个人名、地名或其他形式的抽象的或不可理解的、无意义的材料的记忆。

2.两点式记忆

就是需要在两个事物之间建立一一对应关系，使用时见此知彼、见彼知此。例如英语单词和汉语词汇之间，作品与作者之间，国家与首都之间，年代与历史事件之间，某些事物与有关数据之间，都是如此。

以英语单词England——英国为例：可找内在联系，英格兰本是英国的主体，所以习惯上以英格兰（England）代表英国。

3.多点式记忆

需要记忆的知识要素超过2个，要在3个或更多的事物之间建立联系，比如列举鲁迅的作品，记忆一个简答题的要点等。

在记忆时，除了进行联想之外，还应辅之以这样一些技巧：循环记忆、尝试回忆、过度学习、限定时间、结合理解。另外，还应该注意确定切合现实的目标，不能指望什么都要、一字不漏地原文背诵。

为此，我们可以采用以下四种方法来记：

①口诀法。就是从要点中取出关键字（有时可以不止一个），通过谐音变形、顺序调整，组成一段有形象、有意思的话，这句话如果能用5个或7个字来表达则最为理想，然后将这句话中的形象与题干挂钩。

②故事法。就是以要点关键字词作为基本情节要素，串成一个故事，各个要点的出场顺序可以随意调整以便于联想。

③居室法。类似于罗马居室法，不同之处在于这里不必给居室中的事物确定次序。我的"居室"用的是我的卧室，其中常用的"钩子"有：床、枕头、被子、书架、写字台、台灯、插座、方桌、方凳、衣橱、窗户。这些如果还不够用时，还可以临时调用房梁来凑数。

④拟物法。此法和居室法相似，不过这里是把题目和一个临时指定的事物挂钩，把要点与事物的零件挂钩。这里是一事物上只挂一个题目，而居室法的居室则

可以反复使用，可以挂上许多个题目。拟物法只要在零件和要点之间建立联系即可，而在居室法中还要加上题目，每记一个要点，都要在三个点之间建立联系。

总之，掌握以上几点，巧妙运用联想记忆法，能帮助我们在大脑中对知识形成清晰的记忆，更牢固地记住知识。

运用形象思维，提高记忆效果

俗话说："百闻不如一见。"意思是听到不如看到的可靠。它还包含着这样一个道理，即直观形象的事物给人的印象较为深刻。识记过程也是这样，直观形象的材料比枯燥抽象的材料容易记住。大量的实验证明了这一点，例如，老师向同学们出示十个形象的实物和抽象的语词，然后当场请他们回忆。结果，学生们能回忆出实物八个，而语词只能残缺不全地记起七个。几天后，这种差异更加明显，实物能回忆出六个，语词却只能回忆出两个。

因此，在学习知识的过程中，相对于死记硬背而言，我们更提倡形象记忆。所谓形象记忆，就是在记忆时尽量多采用直观形象，尽量多运用形象思维，以提高记忆的效果。

其实，实际学习中有很多同学喜欢用形象记忆法，下面就是一个同学的表述：

"政治历史地理需要背诵记忆的内容实在很多，如果说要一字不漏地背下来，不仅浪费时间，而且精力消耗大。如果能够在学习每一课时，就用形象记忆的方法，在脑海中形成一幅画面，对这一课的大致编排情况形成系统记忆，就能节省大量时间。比如我虽然不能完整记住历史课本上的每一个字，但当回想起某一个内容时我知道它在书本的什么方位，左或右，上或下，知道这一课的重要图片分布在哪个位置，知道这一页翻过来是哪一课的什么内容等。这样的形象记忆既能避免死记硬背的枯燥，又能节约大量时间，同时也能达到预期的记忆效果。"

也许很多学生会产生疑问，为什么形象的事物容易记忆呢？这得从人们对客观事物的认识谈起。人们认识客观事物依靠感知器官，而感知正是从直观形象开始的。实物形象的记忆是最原始、最基本的，而对抽象概念、系统知识的记忆则需要有一定的知识结构作基础。

美国图论学者哈拉里强调形象的重要性，他说："千言万语不及一张图。"鲁迅先生也很重视形象的作用，他在任教时就常用画图来帮助学生理解和记忆。17世纪捷克教育家夸美纽斯更是直接指出："凡是需要知道的事物，都要通过事物本身来进行教学；那就是说，应该尽可能地把事物本身或代替它的图像放在面前，让学生去看看、摸摸、听听、闻闻等等。"

形象感知是记忆的根本，它是指以感知过的事物的形象为内容的记忆。它是对感性材料，包括事物的形状、体积、质地、颜色、声音、气味等具体形象的识记、保持和重现，带有显著的直观性和鲜明性。人的记忆都是从形象记忆开始的，儿童出生6个月左右就会表现出形象记忆，如认知母亲和辨识熟人的面貌，就是形象记忆的表现。所以，形象记忆是由感知到思维必不可少的中间环节。

形象记忆是人脑中最能在深层次起作用的、最积极的、也是最有潜力的一种记忆力，是目前最合乎人类右脑运作模式的记忆法，它可以让人瞬间记忆上千个电话号码，而且可达一个星期之久而不会忘记。但是，人们在利用语言作为思维的材料和物质外壳，不断促进了意义记忆和抽象思维的发展，促进了左脑功能的迅速发展之后，这种发展又推动人的思维从低级到高级不断进步、完善，并越来越发挥无比神奇作用这一过程中，却犯了一个本不应犯的错误——逐渐忽视了形象记忆和形象思维的重要作用。于是，人类越来越偏重使用左脑的功能进行意义记忆和抽象思维了，而右脑的形象记忆和形象思维功能渐渐遭到冷落。经过漫长的岁月之后，人类终于发展到今天的"左脑占优势"的社会，左脑这个后起之秀已成为公认的"优势半球"。

其实，我们对右脑形象记忆的潜力还缺乏深刻的认识。形象记忆和意义记忆之间的差别究竟有多大呢？据日本创造工学研究所所长中山正和推算，我们一般人"记忆中的语言信息量和形象信息量的比率为1∶1000"，美国图论学者哈拉里有一句名言："千言万语不及一张图。"真是"英雄所见略同"。

根据这个道理，我们在记忆时，应尽量采用直观形象的方式，对那些艰深抽象的知识材料，设法使之形象化。具体方法有以下几种：

第一，运用摸象。学习时可借助于模型、图像、照片、录像、电影、电视等，通过观察它们来获得对事物的感性认识。

第二，形象比喻。用自己熟悉的事物作为识记的材料，例如用"皇冠上的明珠"来比喻"哥德巴赫猜想"这一数学命题，妙趣横生，易于记忆。

第三，语言描述。对于抽象的材料可用形象化的语言来阐述，也就是所谓的深入浅出，记忆起来就会快得多了。

总而言之，直观实物形象易于记忆。亲眼看一只动物，亲手做一件标本，亲耳听一首歌曲，亲口尝一个水果，亲身到一个风景区游览，留下的印象要比听别人讲得鲜明得多，要比从书本上看得生动得多，记忆也自然要牢固得多。

及时复习，战胜遗忘规律

我们都知道，中学生在学习的过程中，一定要重视复习，熟能生巧，对某个知识点的不断巩固能加深我们对该知识的印象。我国大教育家孔子主张"学而时习之"，说的就是这个意思。另外，从记忆的角度说，遗忘过程有它的规律。科学实验表明，在学习材料记住之后，经过1小时再检查，只能记住学习材料的44%左右，而56%被忘记了；经过一天后再检查，只记住了33%的内容，而67%被忘记了；六天后再检查，只记住了学习内容的25%左右。可见，在学会和记住了某些知识后，紧接着的就是先快后慢地遗忘。因此，必须在还没有遗忘之前进行复习，以加深和巩固对学习内容的理解与记忆，使大脑的神经联系得到强化。

对于知识，要想记住，光弄懂还不够，还要及时复习，否则就会逐渐忘记。在这里还要认清一个问题，学过的东西虽然忘了，但并不是彻底忘了，如果加以复习，由于曾经学习过、理解过，当学习的内容重新出现在眼前时，就会产生"再认"的作用，因而有可能迅速地回忆起来，即使回忆得不完全，再学习一遍，也比第一遍学习要容易些。因为学习过的东西在大脑里终究已留下了痕迹，这种痕迹在一定的条件下还是可以恢复的，所以学过的东西一旦忘了，不要认为过去的工夫就白费了。

那么，我们该如何复习才有较好的效果呢？

1.及时复习

心理学的遗忘规律告诉我们：识记一结束，遗忘就开始了。遗忘的进程是先快后慢，先多后少。据此，学习结束后要及时复习，趁热打铁，学习后在当天内复习一刻钟往往比一星期后复习一小时的效果更佳。特别是对外语单词、符号、公式等意义不强的学习材料更需如此。及时复习犹如加固大厦，待大厦倒塌了再修补则为时晚矣。

2.睡前复习

研究表明遗忘的原因之一是活动干扰了记忆。国外有人就做了这样的实验，让两名大学生识记同样的内容，一个熟记后睡眠，一个熟记后仍进行日常活动，结果表明后者的遗忘程度远远高于前者。这是因为后者的日常活动干扰了前行的识记内容，睡眠则无此干扰。因此，若能在每天睡觉前坚持用一刻钟时间将当天学习的重要内容回顾一下，定能取得满意效果。

此外，清晨复习十几分钟也能取得类似效果，这是因为睡前复习无后继活动干扰，清晨复习则无前行活动干扰。若能既坚持清晨复习，又保证睡前复习，当然效果更好。

3.分散复习

遗忘规律告诉我们，及时复习并不能完全解决遗忘问题，还需要不断地定时复习。研究表明分散复习优于集中复习，即一次复习两个小时，不如分为四次，每次复习半小时。此外，随着复习次数的增多，定时复习的时间间隔可逐步延长。

4.试图回忆

有许多同学复习时习惯于一遍又一遍地读，实际上这是一种效率较低复习方式。研究表明，有效的复习应多以试图回忆的方式复习为好。即在阅读几遍材料后，就掩卷而思，尝试背诵，实在回忆不起的地方再重复阅读、尝试背诵，如此反复循环，直到记牢为止。且将全部练习时间的80%用来试图回忆，20%用来诵读的效果更佳。这种方法之所以能提高复习效果，主要是充分调动了思维的积极性，增强了学习反馈，避免了反复阅读、平均使用精力、被动接受知识的状况。

5.过电影

"过电影"就是指把所学主要内容、难点内容在脑中逐一闪现，全部回忆一遍。若能顺利、清晰过完电影，则说明掌握的知识比较牢固。若过电影卡壳，或若隐若现，则说明这些知识有待进一步复习。若在考试或测验之前，以过电影方式进行心理彩排，不仅可自我考察学习的效果，而且顺利地"过完电影"成竹在胸，有助于增强信心。"过电影"通常是进行阶段复习或总复习的一种有效方式。

已经记住了的英语单词、语文课文、数理化的定理、公式等，隔了一段时间后，就会遗忘很多。怎么办呢？一个重要的方法就是学习后及时复习。

综上所述，在学习过程中，坚持课后复习、阶段复习、期中复习和期末复习，是与遗忘做斗争的有效对策，是很必要的学习活动。

高效学习的秘诀是尝试回忆法

在学习的过程中,你是否曾有这样的体验:一个知识点,平时一次又一次地读,印象却总是淡淡的;考试时,考到了,记不起来,搜尽枯肠,仍然不见踪迹;走出考场,一查答案,从此就像深深地刻在脑子里了似的,经久不忘。有人喜欢在讲一件事的时候先卖个关子,引起听者的强烈求知欲,然后说出来,也能收到类似的效果。

尝试回忆,就是在记忆时给自己卖个关子,考一下自己。在记忆时,经过几次重复,可以合上书,试着复述一下。记不起时,先不急于找答案,努力在脑中通过各种方法回忆、联想,实在想不出来了,再看书。在复习时,也可以用这种方法,这就是尝试回忆法。比如,在记忆英语单词时,可以背着默写,也可以看着英文默写中文,或者看中文口读英文。背诵课文时,可以不断地尝试着自己背,背得不对时,再看,再记。对学习过的知识,及时进行尝试回忆,效果会更好。

这种方法的好处是:首先可以及时了解自己在学习中的记忆情况。每次尝试回忆后,就会知道自己记住了什么,还有什么没记住,在进一步阅读时便可有重点、有选择地记忆。其次可以激发人的学习积极性。进行尝试回忆,目的是逐字逐句地再现读物,这能促使自己逐字逐句地读,把目标对准那些尚未记住的材料。

有些学生在记忆的时候，总是闷着头一遍又一遍地读。这种枯燥无味的重复诵读，往往不能使大脑皮层处于兴奋状态，这就必然会降低记忆效果。尝试回忆，虽然比照本宣科费力气，特别是在回想不起来的时候要开动脑筋，但是因为大脑皮层的神经细胞一直处于兴奋状态，所以也就更容易记住所读的材料。

下面这个心理学实验可以说明这个问题：

把被试者分成甲、乙两组。主试者让甲组学生对一篇课文连续看4遍；让乙组的学生对同一篇课文看一遍，尝试背诵一遍，又看一遍，又尝试背诵一遍。结果，一小时后，甲组只记得52.5%，乙组记得75.5%；一天后，甲组只记得30%，乙组记得72.5%；十天后，甲组仅记得25%，乙组仍记得57.5%。

每次尝试背诵就是给予一次记忆信息的反馈。为什么利用反馈效应的尝试记忆法能够提高记忆效果呢？这是因为反馈提高了记忆的自觉性和主动性。一篇材料识记几遍以后，总是有的部分已经记住了，有的部分还没有记住，或者记错了。反馈信息就可以告诉我们哪些部分已经记住了，哪些部分还需要加工，帮助我们了解自己记忆的进度、记忆的难点，然后，我们就可以针对难记的部分集中力量攻克。

反馈可以增强对记忆的自信心，从而给识记增添力量。如果对一篇较难或者较长的材料诵读几遍以后，就发现已经记住了其中的大部分，这就会极大地激发学习动机，让人充满信心地去完成余下的记忆任务。当然，在识记几遍后，也许会发现自己还没有记住，心中不免烦躁起来，这时你应该懂得："烦躁情绪将干扰记忆，影响记忆效果。"最好的办法是控制情绪，使自己心平气和，相信自己的记忆能力，或者这样想："这篇材料难，是应该多记几遍才能记住。"反馈在一定程度上可以消除疲劳，维持注意力的集中。闷着头一遍一遍地读，这种枯燥无味的重复诵读容易产生疲劳，时间一长，注意力容易分散。

当然，有的学生担心尝试回忆太费时间，实际上尝试回忆所用的时间是越来越少。表面上看尝试回忆是一种"信息的输出"，实际上信息在"输出"的过程中，又被进一步加工和强化了。尝试回忆次数越多，记忆越牢。如果急于赶进度，每天不去回忆旧内容，看起来每天学了不少新内容，但实际上忘记的内容也一天天多了起来。如果算总账的话，还是尝试回忆法的收获大，花费时间少，记得多。

我们可以灵活采用各种方法来做：

①掩盖法。盖住书上的关键部分，试着回忆。比如记英语单词时，可以找出生词表，盖住英文，看着汉语译成英语，或者反过来，看着英文，译成汉语。

②自测法。可以把要记的内容概括成一个题目，把题干写在远离答案的位置，可以是书上的空白区域，也可以是在笔记本上、卡片上（这时最好注明答案所在的页，以便于及时查对）。复习时，看着题目，试图回忆答案，然后与答案核对。

总之，运用尝试回忆法学习知识的好处在于可以引起对答案的注意，把精力集中在上面，努力去回忆，使大脑充分活跃起来。如果回忆正确，可以巩固正确的知识；若是错了，或是忘了，可以及时纠正、补充，并获得正确而深刻的印象。

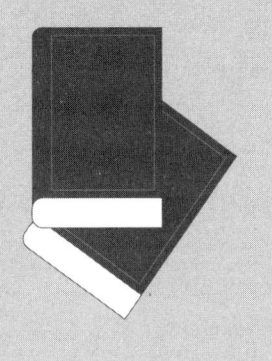

第 5 章

培养阅读习惯：
增加知识储备，提升理解能力

读书让人受益匪浅

知识是力量，是彻底改变一个人命运的第一推动力。在当今这个知识经济的社会中，谁拥有了知识，谁就把握住了命运的咽喉。拿破仑曾说："真正的征服，唯一不使人遗憾的征服，那就是对无知的征服。"拿破仑在征服无知获得了知识之后振兴了法兰西，他用亲身的事迹诠释了这句话。而读万卷书可以让我们学到许多知识，在未来的人生道路上，这些知识会帮助我们走过一道一道的沟坎，可以说是一辈子受益。

童第周出生在浙江省鄞州区的一个偏僻的小山村里。由于家境贫困，小时候一直跟父亲学习文化知识，直到17岁才迈入学校的大门。读中学时，由于他基础差，学习十分吃力，第一学期末平均成绩才45分。学校令其退学或留级。在他的再三恳求下，校方同意他跟班试读一学期。

此后，他就与"路灯"常相伴：天蒙蒙亮，他在路灯下读外语；晚上熄灯后，他在路灯下自学复习。功夫不负有心人，期末，他的平均成绩达到70多分，几何还得了100分。这件事让他悟出了一个道理："别人能办到的事，我经过努力也能办到，世上没有天才，天才是用劳动换来的。"之后，这也就成了他的座右铭。

大学毕业后他去比利时留学。在国外学习期间，童第周刻苦钻研，勤奋好学，得到了老师们的一致好评。获博士学位后，他回到了当时灾难深重的祖国，在极为困难的条件下进行科学研究工作。

解放以后，童第周担任山东大学副校长的同时，研究了在生物进化中占重要地位的文昌鱼卵发育规律，取得了重大发展成果到了晚年，他和美国坦普恩大学牛满江教授合作研究细胞核和细胞质的相互关系，他们从鲫鱼的卵子细胞质内提取一种核酸，注射到金鱼的受精卵中，结果出现了一种既有金鱼性状又有鲫鱼性状的子代，这种金鱼的尾鳍由双尾变成了单尾。这种创造性的成绩居于世界先进行列。

读书给了童第周第二次崭新的人生，不仅使他摆脱了贫穷，更令他走向了世界。他徜徉在知识的海洋中，慢慢改变了命运的轨迹，而且更重要的是，他在知识里找到了自己的人生价值：原来，自己对人类的发展还是很有用的；原来，自己所学过的知识能带来如此大的改变。

听说过犹太人的故事吗？据说，犹太人会在他们孩子出生时就在书本上滴上蜂蜜，让孩子吃，希望以此告诉孩子：读书就跟吃蜂蜜一样甜。所以，犹太人很喜欢读书。犹太民族被世界公认为"最有创造力的民族"。

那么，我们读书要注意哪些问题呢？

1.读万卷书，行万里路

大学问家朱熹，曾经提到读书有六法，其中第四法是"切己体察，身体力行"，意在告诫我们，不能死读书，读死书，而要把读书学习与实践结合起来。我们不仅要多读书，更需要将所读的书运用到现实生活中去，这样才能真正地将所学的知识应用到实践。

2.多涉猎其他领域的书

只要我们有课余时间，就要博览群书，只要是自己感兴趣的，都可以涉猎。当然，作为学生，我们首先应该明确所读的书的类型是积极向上、健康的，这样我们才能从中学到知识。之所以要求学生多涉猎其他领域的书，是因为现代社会所缺少的是综合性人才，我们不仅要学好书本上的知识，而且还要了解书本以外的知识。

选择有效的阅读方法

著名哲学家培根说:"读书足以怡情,足以傅彩,足以长才。"这句话深刻呈现了书对人的影响力和对人心灵的塑造。阅读作为语文能力的基石,越来越多地受到各界人士的青睐和重视,在阅读中要想取得高分,最重要最有效的就是方法。当然,长时间阅读量的积累、语感和感悟能力的培养,是完成阅读题必要的前提和基础。

一个完整的阅读过程大致包括四个阶段:感知(字、词、句、篇)—理解(形式、内容)—评价(个人看法或鉴赏)—创造(独到的见解和新的发现)。不过,传统的阅读大多停留在对文字做支离破碎的静态分析上,即使是阅读鉴赏也无非局限在评价文章的思想内容或表达技巧上,而忽略了自身在阅读过程中的感知、领悟、联想、想象等系列情感活动。其实,我们在阅读的时候,需要调动自己的情感因素,在感知文章的基础上,去揣摩、体味、感悟、联想、想象,见仁见智,品出自己的那份感觉,说出自己的那份见解。

1.联读

联读,就是以课本内容为基点向课外延伸的阅读。具体的方法就是,运用"课内学一篇,课外带几篇"的诱导法,以学一篇带动阅读同一作家的其他作品;以学一题材带动阅读同一题材的其他作品。这样一来,以一化十、以十化百的做法,可以打开我们由课内通向课外的渠道,使我们冲出狭小的教材阅读圈，散步于文学艺术的殿堂。

2.诵读

古人曰："手披目视，口咏其言，心惟其义。"古人读书讲究的是口、耳、眼、心并用。实际上，诵读不仅仅适用于文言文，白话文也一样需要诵读。诵读可以充分调动读者诸多感官接受信息，容易使读者充分进入文本所描述的境界，沉醉其中。与此同时，还可以培养自己的语感。诵读的核心在于对节奏、语调、轻重、缓急等方面进行指导。当然，不同的文体、不同的情感内容应该采取与之适应的诵读方式。

3.拓宽阅读的视野

语文的外延与生活的外延相等，比如报刊杂志、电视广播都蕴藏着丰富的阅读资源。我们可以阅读《语文文摘》《读者文摘》《读写天地》等优秀刊物中的文质兼美、形神兼备的佳作，也可以观赏诸如"开心辞典"之类的内容丰富、形式新颖的影展栏目，定期给自己开出必读书目，要求自己有计划地阅读。

4.略读和精读

不同的文本对阅读的要求也是大不一样的，有时候需要略读，有时候需要精读。略读就是从整体上对文章进行提纲挈领的把握；精读就是逐字逐句，将应该记忆的记忆下来，需要揣摩的揣摩出来，应该研究的研究出来。文章的精彩段落、关键语句，都需要反复诵读、体会、领悟，这就要求对文本进行深入细致的精读。

精读包括这几种方式：体验阅读，就是反复诵读，有声有色，有情有味，体验语言的美妙和情感；比较阅读，将与之相关的作品或段落认真参照，反复比较，从而加深理解；讨论阅读，分小组讨论，提出新的问题，激活思路，深入挖掘；品味阅读，由点及面，突破重点；写文阅读，依据原文，改写或续写，写随笔或读后感。

5.背读

背读就是把文中该背的和精彩的部分，反复阅读以达到能背的程度，将其储存进我们的记忆库里，成为我们稳固的知识积累，便于在以后的学习中反复咀嚼，不断领悟，从中汲取新的营养，达到阅读的最终目的。当然，我们可以掌握一些背读的技巧，比如理解背读、分段背读、结构背读等。

6.阅读小技巧

我们可以根据个性和年龄特点来选择图书：知识单薄、视野狭窄的可以选择知识性较强的科普、文史知识类读物，丰富知识，扩大视野；语言枯涩、表达平淡的可以选择文质兼备的美文，感悟吸收，增强语感；低年级的学生可以选择晓畅明白的读物，学会感知和理解；高年级的可以选择经典名著，侧重品读鉴赏。

我们还可以依据阅读的对象和阅读目的选择阅读方法，对一般的报刊杂志、自然文史知识类可选择略读、泛读、跳读法，一目十行，捕捉信息，开阔视野，丰富知识，活跃思想。对那些美文佳作、经典片段则可以选择精读、细读、品读；对诗歌、散文可以选择诵读，体会气韵，培养语感；对科普知识、时文杂论类则采取默读，利于理解和思考。

坚持每天阅读，每天进步一点点

读书为学生开启了探究过去、现在、未来奥秘的大门；读书引发高雅的谈话，可以培养高尚情感以及思维的深度；读书可以促使我们关注生活，重视生命意义。假如你不爱读书，那需要激发读书的兴趣。可以说，兴趣是最好的老师，我们每天愿意花两个小时看电视，却不愿意花30分钟看书，这就是我们现在的读书状态。对许多学生而言，学习阅读是一种缓慢、困难的过程，不过，只要我们每天坚持读书30分钟，时间长了，就会成为习惯，习惯久了，就会成为一种自然，那读书也就会成为我们生活中的一部分。

有人说："杰奎琳的第一个魅力是深不可测的智慧美。"熟悉杰奎琳的人，都会谈到她对于书的感情。杰奎琳是一个典型的书迷，她对书的痴迷程度，是常人难以理解的。就连她的丈夫肯尼迪也会惊叹："无法理解她为什么那么喜欢看书。"

她几乎博览群书，不管什么书都看得很认真，尤其喜欢诗集、历史书籍或关于艺术的书籍。随着地位的升高和年龄的增长，杰奎琳看书更加刻苦，并通过读书不断提高自己，如此学习的经历使她在离开白宫后仍然被人们所记住，在离开白宫后，她反而变得更有名，成为了一个更具影响力的女人。

杰奎琳的公寓和别墅里装满了各种书籍，桌子上和桌子下、沙发和椅子上，到处都堆满了书，整个别墅就相当于图书馆。她经常指导朋友希拉里"做一个读很多很多书的女人"，在杰奎琳看来，要想成为一个传奇女人，其中的奥秘就是书和学习。

莱因霍尔德曾这样说："杰奎琳在社会学和神学上表现出的智慧感动了我，我被杰奎琳感动以后，便下决心支持她的丈夫。"戴高乐在见识杰奎琳的智慧之后，这样说道："杰奎琳女士对法国历史的了解程度远远超过了法国本土的妇女们，她并不介入政治，但又给自己的丈夫赋予艺术和文学支持者的名声，自从认识杰奎琳以后，我对美国更加信任了。"

杰奎琳非凡的智慧当然应该归功于自己的终身学习，即使在自己地位和名声升高的时候，她也不放弃读书，而且变得更加刻苦地学习，并通过学习来提升自己的文化修养。只能说，她不愧于第一总统夫人的称号。

4月23日是西班牙作家塞万提斯和英国作家莎士比亚的辞世纪念日。1995年，联合国教科文组织将这一天定为"世界读书日"。书是人类文明主要承载者，是积累了人类无穷智慧和想象力的传承媒介，给予了人们众多情感的交集。阅读，不仅能扩展我们现在的空间，还能给我们指明未来的方向。读书可以拓宽视野，丰富知识，增长才干，还可以净化心灵，陶冶情操，充实自己的精神世界。一个不读书的人，目光是短浅的，精神世界是空虚的，甚至心灵也会扭曲变形，以至于善恶不分。就好像一个不完整的人浑浑噩噩过日子，自己却觉得潇潇洒洒，实际上是虚度了年华，荒废了自我。

1.从读书中感受乐趣

我们要让读书成为一种习惯。有的学生可能会说："我从早到晚不都是在读书吗？"如果我说："你现在所读的书，如果不考试，你还会读吗？"你会怎么回答我呢？如果答案是否定的，那么说明你还没有养成读书的习惯。有的老师可能会说："我已经读了太多的书，我的知识储备已经足够把我的工作做好了。"如果我说："面对日新月异的时代，面对不断变化的一届又一届新的学生，你有没有过捉襟见肘的困窘？"如果答案是肯定的，那么说明你还没有从读书的习惯中得到生存甚至生活的乐趣。

2.每天坚持读书30分钟

我们要想丰富自己的知识底蕴，那就要培养每天读书和看书的良好习惯。根据自己的年龄特点和学业任务的轻重，确定每天读书和看书的具体时间。通常情况下，早上起床洗漱后比较适合诵读，诵读时间在30分钟以内，上午、下午或晚间坚持看书，时间也是以30分钟为宜，晚间也不可以超过60分钟。

假如时间紧张，确实没有多余的时间用来读书和看书，也要发扬坚持到底的精神。确定每天坚持读书的时间，即便是10分钟也要坚持；规定每天必须读书多少页，即便是每天坚持读书10页。我们也一定要监督自己坚持下去，直到自己觉得每天不读书、不看书会感到不习惯为止，这就培养了自己认真读书和看书的习惯了。

带着问题阅读，提高阅读质量

许多同学都很纳闷：有同学读一篇文章，可以很快地抓住重点，为什么自己就不行呢？其实，学生阅读能力较弱，一方面是因为读书比较少，另外一方面是因为不得要领。曾经有人做过调查，发现成绩优秀的学生与成绩较差的学生最重要的区别之一，就在于阅读能力的强弱，成绩优秀的学生大多阅读能力较强，而成绩较差的学生阅读能力则比较弱。而我们增强阅读能力，需要讲究方法。比如，在阅读文章前向自己提出两个问题：作者写的是什么？为什么要这样写？带着这两个问题会让我们集中注意力，提高阅读的速度和质量。在整个阅读过程中，我们会慢慢形成写作时的一个理性思维：必须要有一个明确中心、围绕中心选择恰当的表达方式、合理安排内容的先后和详略、条理清楚地表达自己的意思等。

在阅读《飞夺泸定桥》时，可提出这样一些问题："谁飞夺？""在什么情况下飞夺？""怎样飞夺？""结果怎样？"把这些问题的答案归纳起来就是：中国工农红军在二万五千里长征途中，与敌人抢时间，胜利地夺下了天险泸定桥，继续北上抗日。但是运用课题扩展的方法必须注意、文章的形式不同、扩展点也不同，只有抓住文题的特点、紧密联系课文、才能概括得更准确。

在阅读的过程中，我们可以按照不同课文的不同特点去勾画文章中表现主题思想的主旨句、表达文章结构的过渡句、富有表现力的细节句等关键句子。此外，我们还应该学以致用，也就是对综合能力的拓展。比如，我们可以表述对课文结构独到之处的理解、对作者怎么围绕主旨选材的理解、对课文的综合感受。

那么，在实际阅读题中，我们该注意哪些问题呢？

1. 适当摘取原文

在回答问题的时候，假如离开了原文可能谁也答不正确，或者说回答不完全。所以，准确解答阅读题最重要最有效的方法就是在原文中找答案，其实大多数题目在文章里都是能够找出答案的。当然，找出的语句并不一定可以直接拿来用，还要按照题目的要求进行加工，或摘取词语，或压缩主干，或抽取重点，或重新组织，即便是归纳概括整篇文章的大意也可以用原文。

2. 巧取信息

阅读过程其实就是我们获取信息的过程，阅读质量的高低取决于你获取信息的多少。在做阅读题时，我们可以先看看文章的作者、写作时间和文后注释等内容，同时尤其要看一下后面问了哪些问题，从题目中揣摩出文章大概的主旨是什么。假如是小说，则主要从人物、情节等方面入手；假如是议论文，则主要是论点、论据、论证等。

3. 边读边勾画

我们在做阅读题时需要采用精读的方法，逐字逐句地揣摩，所以平时在阅读时要养成圈点勾画、多做记号的习惯。我们可以先看看题目涉及了哪些段落或区域，和哪些语句有关系。当我们确定某一个答题区域之后，再认真地弄懂这一段每一句的大意，从而理清段落之间的关系，了解行文思路。假如我们在阅读时反复琢磨，勾画与之相关的内容，那答题时就不用从头至尾去寻找，这可以节约不少时间。

4.巧解题

在汉语中一词多义的现象是很常见的，我们在理解词语中某个字的意思的时候，一定要把它放在这个词语中去理解，也就是字不离词，这样才能准确理解这个字的意思。比如"道听途说"，道，指道路；"志同道合"，道，指道理。

在综合阅读中，经常要求理解词语在上下文中的含义和作用，有时候我们会遇到一词多义，这在文言文中是经常看到的，比如，"策之不以其道"，策，驱使；"执策而临之"，策，马鞭。而在现代文阅读之中则表现为语境义，这些都应该按照具体的语言环境，也就是句子本身去推断它的意思，即词不离句。

作文审题，打开思路是关键

如何才能写出好文章呢？鲁迅先生在回答这个问题时强调了两点：一是多看，二是多练。"多看"，也就是多观察，这表示，假如我们要写好作文，就需要掌握娴熟的文章写作手法，即多观察，学会观察，因为观察是写作的必要前提和基础。俄国小说家契科夫曾说："作家务必要把自己锻炼成一个目光敏锐永不罢休的观察家——要把自己锻炼到观察成习惯，仿佛是第二个天性。"因此，在平日的生活中，我们要留心观察身边的人、事、景、物，从中寻找我们写作文时所需要的材料。比如，留意校园花坛里的植物一年四季如何变化，学会对一个现象刨根问底，弄清楚这些变化的来龙去脉。

那在具体测试的时候，我们该如何去做好"作文"这道测试题呢？

1.仔细审题

我们在写作文之前就需要仔细审题，否则我们很容易写出偏题的作文，俗话说"下笔千言，离题万里"，说的就是这个道理。按照一般的作文题目的形式来看，通常可以分为命题作文和材料作文两大类。对命题作文，我们要审查给定的文章题目确定的具体要求，审清楚文题意图，明确题外要求，通过审题，我们要清楚作文的内容范围、时间范围、数量范围、人称范围、处所范围等，在具体写作的时候，不要超出给定的范围。

在审题时，我们主要把握两方面的问题：一是与材料的思想内容紧密联系；二是与作文形式要求相符合。举个简单例子，我们所面对的试题是命题作文，那我们就需要确定题目规定的内容范围，比如记人的，要记什么人；叙事的，要叙什么事；写景的，要写什么景；状物的，要装什么物，等等。

2.确定文章的主题

确定文章的主题，其实就是立意，一篇好的作文一定要反映出一定的中心思想。当然，确定一篇作文的主题，就应该有提炼生活的基础，要努力把生活中的某些根本性的东西反映出来，确保文章的主题正确、集中、新颖、深刻。

我们经常说某某某的作文很有思想性，这主要是取决于作者创作立意的深刻性。通常来说，我们作文的立意都应该是积极的、健康的，努力去反映生活中的本质内容，要有一定的社会普遍性。

3.拟定作文题目

当我们开始动手写这篇作文之前，就应该拟定作文题目，就好像我们在做一件事情之前，需要有一个主意一样。我们拟定的作文题目需要反映出写作的出发点和动机，通过这个题目，老师可以基本认清文章需要表达的主题和主要内容。而且，这个题目需要高度精练地概括作文的核心内容，准确、生动，这样才会引起阅卷老师的注意，吸引其继续读下去。

4.选好材料

不论你写哪种类型的作文，对所需材料进行选择都是十分有必要的。写作文之前，面对许多材料，我们需要适当地做出取舍，尽量留下生动、有代表性的，去除那些一般的；要通过对重要的、生动的材料的有效组合，实现作文的目的。通常来说，我们要选择一些自己比较熟悉的材料，这样才能够充分利用，信手拈来。假如我们选择的材料是不熟悉的，即使生硬地拿来用在作文里，也不会产生好的效果。

第 6 章

提高应试能力：
正确看待考试，消除畏难心理

保持平常心应对考试

面对考试，该怎么办呢？我们应强化信心，正确看待考试。考试都是有规律可言的，只要平常学习都到位了，那考一个理想成绩是自然的。我们可以对自己说：考试并不可怕，它和平时作业练习没有什么本质的区别。假如还是信心不足，那就要看到自己的优势及进步。要多看、多说、多想自己的优点，尤其是那些平时贪玩而成绩不太好的学生，千万不要觉得一切都太晚了就轻易放弃了。当然，我们应该认真地分析自己的实际水平，从兴趣爱好以及能力出发来选择自己最适合的目标，既不能好高骛远也不能妄自菲薄，假如目标实现的机会大了，自信自然会增强很多。

曹珊，考试成绩屡屡排名第一，在谈到如何应对考试时，她说起了自己的秘诀：我觉得是为自己制订一个符合实际的短期目标并找到学习的动力，变被动学习为主动学习。避免敷衍和机械地接受知识，要在学习中不断思考怎么样更科学地学习。学习成绩的提高需要一个过程，不会出现立竿见影的效果。我们要相信只要尽力，就会有进步，坚持下去，就一定会有效果。在初二时，我的英语阅读和完形填空都比较薄弱，我制订了一个计划，每天做两篇阅读一篇完形，结果两个月过去了，我的成绩依然没有起色。这时一位英语老师告诉我量变积累到一定程度才会引起质变，于是，我把心静下来，继续按计划做。

到了初三时，英语成绩有了明显的突破，特别是考试中完形填空基本上没有再错过，我想说的是，就算是你的成绩暂时不是很好，也千万不要对自己绝望而放弃努力。

此外，我觉得要保持一颗平常心。考试临场发挥靠心态，不要在考场上给自己施压，考场上应该暗示自己：只要把自己会做的题目都做对了就是成功，或是为自己找条后路，安慰自己。而且，在考试时，不要因为试卷的难度而影响情绪。

面对考试，所有人都会有心理压力。当然，适当的心理压力会使自己学习更努力，不过，压力太大就会影响正常的学习和考试发挥。缓解心理压力可以采用自我认知矫正法，自我反驳自己的一些不合理的认识，比如"如果考不好我就完了""我必须考上某某高中""考不好就无脸见人了"，等等。

那么，怎样让自己能够以平常心面对考试呢？

1.磨炼自己的意志

在这几年的考试中，总有一些学生临阵脱逃，还没进入考场就放弃了。还有的学生稍微遇到挫折就不能坚持到底，半途而废。其实，之所以会出现这样的情况，是因为这些学生意志太薄弱、耐挫力比较差。因此，我们需要强化这样的信念："一定要挺住""无论怎么样都要坚持到底""不到最后的铃声响起，就意味着我还有机会，就决不放弃"。

2.做好应对准备

在考试中，我们可能会遇到许多困难，例如估计不足，缺乏应对准备，就可能影响临场的训练状态，导致紧张慌乱。因此，我们可以先多听他人经验介绍以及建议，想想自己遇到某种情况时该怎么处理。比如，考试时生病怎么办？考试前遇到不顺心的事情怎么办？一开始就遇到不会做的题怎么办？万一

第一门课考得不理想怎么办？假如我们事先考虑或准备得充分一点，即便真的遇到了，也会冷静很多，不至于手足无措。

3.调控自己的情绪

为了在考试中有一个比较好的心理状态，我们应学习、掌握一些情绪调控的方法，并在备考过程中练习使用，这对于稳定我们现在的情绪及将来考试中可能遇到的紧张焦虑问题是非常有好处的。下面给大家介绍两种容易掌握而且效果不错的方法：

肌肉放松：一个人的心理能否放松，与其当时的身体状况有关，假如一个人坐在那里，四肢很紧张，想放松心理是很困难的，所以一定要注意利用身心的相互影响。我们的目的是放松心理，但可以通过肌肉的放松来调节心理。具体做法是：端坐，按照一定顺序，如先从脚开始，最后到头部，依次将每一部位肌肉群先绷紧，持续几秒钟后，慢慢放松，意念集中在要放松的部位，仔细体味放松过程中的轻松和舒适的感觉。

深呼吸：未加训练的深呼吸在使用起来往往感到别扭，难以有好的效果。要使深呼吸在关键时刻更有效地发挥其作用，就需要进行一些训练，具体要求如下：闭目端坐或站立，用腹式呼吸的方法进行深呼吸；集中意念于腹部，均匀缓慢地吸气，时间大约四秒；屏气一秒钟后，用大约四秒钟时间将气体呼出；这样反复10~20次就可以了。坚持每天练习，使呼吸逐渐均匀流畅，肌肉能完全放松时，就会有效地减轻或消除紧张。

掌握基本的应试技巧

我们所面对的标准化考试要求试题的覆盖面大、题量多、区分度好，考查基本知识的同时，注重对能力的考查，试卷的难度较大。那怎么样在有限的时间里充分发挥自己的水平，甚至超水平发挥呢？实际上，除了平时知识的积累、心理素质等因素之外，我们还需要掌握一些基本的应试技巧。

一、考场常见问题解答

1.遇到难题就畏惧

在考试过程中，有的学生一遇到难题就卡在那里，硬是被一道题绊住了，其实这对学生的心理状态影响比较大。我们的建议是假如考试遇到了难题，千万不要慌张，可以联想一下和这个问题有关的情景，假如联想不起来，要学会舍弃，千万不要较劲。

2.想不起来就心慌

在考试的时候，有的学生会遇到这样的问题，感觉这道题目自己会做，不过一提起笔，大脑就一片空白，怎么也想不起来，这就是暂时性失忆。遇到这样的情况，有的学生会心慌，甚至一直停留在这道题目上。实际上，这是学生心理紧张的一种反应，出现这样的情况不要太紧张，可以回忆一下和这道题目相关的情况，或者直接跳过这道题目，先做其他的题目，等自己进入状态了，或许就可以回忆起来了。

3.记忆堵塞

有时候,我们正想解答某道题的时候,熟悉的概念、公式已经到笔尖了,还没动笔写,那呼之欲出的灵感和记忆就消失了,这时我们该怎么办呢?

首先我们需要保持镇静。假如我们变得十分紧张,那记忆堵塞会更严重。这时我们要保持镇静,并注意调节自己的呼吸频率,先慢慢吸气,对自己说"放松",然后缓缓呼气。在完成缓慢呼吸之后,我们再考虑自己正在努力回忆的问题,假如依然想不起来,那就暂且搁置这道题,开始做别的题目。

其次就是联想,我们不妨回忆老师在讲课时的情景或自己的复习笔记,并努力回忆与问题相关的论据和概念,把回忆的内容快速记下来,然后看能否从中挑出一些有用的材料或线索。假如不能从中找出任何联系,那我们可以把自己想象成为命题人,在大脑中想象试题和答案。

最后我们可以利用其他试题,在标准化的考试中,可能会要求我们做大量试题,后面的试题或许会给我们提供某些线索,不要轻易放过那些相关的线索。不过,需要提醒大家的是,我们要在头脑中记住那些发生记忆堵塞的试题,假如在后面恰好遇到一个与之相关或有些联系的,就要仔细看看其中是否有哪些东西可以提供线索或启发思维。

4.时间分配不合理

在考试的时候,常常会出现这样的问题,当考试结束的铃声响起了,有的学生还没有将答案写在答题卡上。尤其是英语考试,因为客观题比较多,假如学生预留的填涂答题卡时间太少,很有可能没有时间填答案,或者作文的结尾没写。因此,考试的时候,我们应该合理分配时间,在做完客观题的时候,就把答案填涂到机读卡上,之后用两三分钟的时间来复核一遍。

5.如何面对突发事件

在考试中,假如遇到钢笔坏了的意外情况,我们脑海里可能就联想到自己考砸的结局，于是，就会大冒冷汗，全身发毛，突然之间慌乱起来。假如遇到类似的突发事件，首先我们应该放松自己，最好是暂停作答，闭上双眼，轻轻对自己说"放松"，重复六次，注意体验全身松弛的感觉；其次是深呼吸，吸气时绵长、缓慢、深沉，在呼气时也达到同样的要求，慢慢地，就会恢复到心理平衡状态，正常作答。

一旦产生容易引起慌乱的想法，也可以果断地对自己说"停"，同时紧握拳头，重复命令自己一次，这样我们就可以中断原来的思路，有了一个停顿过程之后，我们把注意力集中在对自己比较容易的试题上，重新确立信心，当觉得情况好了之后，就快速进入正常答题状态。

二、应试技巧

1.考前准备

带全证件和文具。进入考场前，检查一下自己是否带齐了应带的证件和文具，避免这些小麻烦造成心理上不必要的紧张。进入考场之后，心态要放松，监考老师通常会强调纪律，这时我们需要淡然面对，不要太在意。

拿到试卷后，不要急于作答，应先听监考老师的交代，检查一下自己试卷的张数，然后在卷面的指定位置填好姓名、考号等个人信息，这样既可以稳定情绪，又可以避免漏填个人信息。

我们要充分利用好发试卷的时间，快速读题，了解试卷的分量、试题的类型、所考试的内容、试题的难易程度以及各题的比分等，做到心中有数，在时间上也有一个合理的安排。尤其是对于题多、量大、题型新、题目难的试卷，更需要注意这一点。

2.注意答题顺序

最好是按照考题编号顺序先易后难答题，避免漏题，在回答每一道题的时候，认真审题，扣题作答。每做一道题，尤其是做问答题，首先要全面、正确地理解题意，弄清楚题目要求和解答范围，抓住重点，然后认真作答，这样才不会答非所问。有的学生不认真审题，结果就是答案没能抓住重点，我们可以先做会做的题目，把能得的分数都得到，对于较难的题目可以先跳过。

3.不要在难题上纠缠

在答题的过程中，遇到容易的题在思想上不要轻视，要细心和谨慎，不要轻易丢了不该丢的分。遇到难题，我们可以采取"退而求其次"的策略，能做几步就尽量做几步，假如这道难题在短时间里拿不下来，还可以绕过难题，稍后再说。

在做选择题时要慎重，有疑问的可以先记下来，打个问号，不过一旦做出决定就要相信自己的第一感觉，不要随意改动。在回答主观题时要标序号，不要一个自然段就回答了，答案要运用主干知识和基本观点来答题，可以适当拓宽但不需要过多的解析，保持语言简练。

按照顺序答题之后，要把精力放在刚才放过的难题上，假如对这道题实在无能为力，放弃也没关系。这说明这道题确实存在难度，它困惑的不只是你，而是所有的学生。

4.认真答题

我们在答题的时候，一定要认真答题，每题必答，每分必争，每道题的答案都需要做到内容正确、表述清楚、书写工整，甚至对一个标点符号也不能马虎。假如遇到一时难以解答的问题，需要认真分析、思考，会多少答多少，能推导几步就做几步。对分数少的问题，也要认真回答，争取多得分。整个卷面要保持整洁、清晰。

5.认真检查

做完题之后要全面检查，不要急于交卷，只要时间允许，就应该对每一道题认真检查，着重检查是否漏题、是否切题、是否有笔误，做到有漏必补、有错必纠，努力将答案的内容乃至标点符号、文字图表都填写得准确无误。对简单的题和得分较低的题也不能忽略，在时间紧张的情况下，要先检查得分高的题，不管对自己的作答多么有把握，都不要提前交卷，慎重的态度会让你挽回不必丢失的分数。

考后忘掉过去，专注未来

在中学生的眼里，也许最为重要的就是中考后的成绩，因此，我们不难理解，每次考试后在考场外面会出现这样的现象：有些同学情不自禁地围聚在一起核对答案，如果自己的答案和大多数的同学是一致的，那么便会欢呼雀跃；有人欢喜有人愁，另外那些答案错误的同学就会顿足捶胸、懊恼不已。

其实，学生们考完后急于知道答案的这种心情是可以理解的，但这种做法正确吗？要知道，在考试刚结束一两门后，对答案有弊无利。考过的科目已经结束了，无论你高兴还是沮丧，都已经成为事实，对答案无非两种结果，一种是答案正确，此时你可能会狂喜不已，但这种心情只会使你处于极度兴奋状态，甚至忘乎所以，难以把注意力转移到下一门考试上来；而另外一种是答案错误，也许失去的仅仅是小分，但缺乏自信者会因此而增加失败感、愧疚感，使自己的心情沉浸在后悔之中，耿耿于怀、心情郁闷，从而影响下一门学科的考试。从另一个方面看，刚出考场，大家商讨的都不一定是正确答案，各人所提供的答案定有差异，被他人认定答案是错误的实际上未必错误。以往考试中，因为核对答案坏了自己的心情，影响下一门学科考试成绩的事例不胜枚举。

对于已经结束的科目，正确的做法是考完一门丢一门。考试结束，你就应该放松心情，离开考试现场，独自一人去找个安静的地方稍微休息一下，然后为下门科目做准备。当然，你可能觉得自己的答案有错，但不必惊慌，要知道，即使是中考状元，也不可能每门课的答案都完美无缺，不去计较"一城一池"的得失，学会泰然处之，总结教训，争取在以后几门学科考试中"亡羊补牢"。回家后，若是家长问该科目的答题情况，只要说说自己大体的感觉就可以了，不必谈得很具体。如果苦苦回忆所有答题情况，既浪费了许多宝贵的时间，又给自己和家长增加了沉重的心理负担，还可能招致家长的责难，何苦呢？

考试时考一门丢一门，不要想分数，想着自己考完就好了。可以给自己一个犒劳的诱惑，比如考完就可以去做自己想做的事情了，只要最后再认真一会坚持考完，就可以如愿以偿了。

对上一科考试失利的考生来说，学会遗忘，并迅速把注意力转移到下一科目上显得更为重要。因为失利是难免的，重要的是迅速摆脱阴影。此时最恰当的方法是马上将这门科目完全放下，让思维和情绪完全丢开对这门科目的眷顾，并全面转入后一门科目的复习中。

总之，面对考完的科目，我们要做到考完一门丢一门，忘掉过去，专注未来的考试，既不因自我感觉良好而飘飘然，也不因自我感觉不好而沮丧，保持一份平常心去迎接新的考验，等待自己的将是丰收的喜悦！

适当调适，将紧张心理降低到最小

我们都知道，中考是一项复杂的智力活动，需要保持良好心态。考试确实不同于日常的学习生活，不管准备多么充分，我们都有可能紧张，这是不可避免的，就连那些中考状元，在进考场时也会紧张，但只要我们懂得在考前考后进行适当的调适，我们就能将紧张心理减低到最小。

武汉大学教授潘敏告诉学生们："说考前不紧张，那肯定是骗人的。你要真不紧张了，全家人都觉得不正常，父母反倒更紧张。"在潘敏看来，在考试中适度地紧张是好事，但凡事有个度，过度紧张会让人有些错乱。

潘敏从教多年，他建议学生，在大考前一定要树立信心，要相信自己一定能考好。

潘敏认为，过度紧张是有一定原因的——很大程度上源于家长和考生定位不准。"当年高考时，我就想以我的实力考上一所大学一定没问题，至于上哪所大学，真没较真想过，结果反中状元，着实有点意外。而现实生活中，很多家长和考生把目标定得太高，以孩子现有的实力蹦了跳了还是够不着，这样的高目标，考生能不紧张吗？"

从潘敏的这段话中，我们发现减轻心理紧张的关键因素——对考试结果的期望。如果我们抱着轻松的心情，不太在意考试结果，那么，我们自然就能心平气和地面对考试。

这里，我们可以总结出学生们怯场的几点原因：

1.缺乏自信

有些考生，尤其是性格较懦弱，受过多次挫折的考生，常常自我怀疑，即使有把握的问题，也显得犹豫不决，不敢相信自己。如果见到陌生题或难题更是诚惶诚恐，乱了方寸。

2.外界干扰

当人们进行思维活动时，突然遇到新颖或强烈的刺激，会使原来的思维活动受到抑制。如考场的严肃气氛、监考人员冷峻的表情或生硬的态度，父母的叮咛："你进这所学校不容易，花了很大的代价，这可是人生的关键一搏，事关你个人的前途……"这些都会给考生带来巨大的心理压力，一旦遇到小小的麻烦，情绪越加紧张，更加怯场。

3.大脑过度兴奋

大脑神经细胞的兴奋性有一定的限度，为了防止大脑神经细胞过度兴奋而受损，大脑会自动转入抑制，阻止回忆活动。有些考生考前"开夜车"，用脑过度，睡眠不足，加上心理紧张，引起回忆反应暂时抑制，造成怯场。

了解这些原因，就要提前做好充分的思想准备，努力安定自己的情绪。

（1）考前两天：增强自信，择要复习

"考前复习要有所侧重，只要检查一下重点内容是否基本清楚就可以了。"欧阳主任建议，所谓重点，一是老师明确指定和反复强调的内容；二是自己最薄弱的、经常出错的地方。如果确认这些地方都没有问题，就可以安下心来，并反复暗示自己"复习很充分"。

另外，家长也要留意观察孩子，如发现孩子过于紧张，说明其自信心不足，家长要给予鼓励，巧妙暗示孩子：你一定会考好的。

（2）考试前夜：尽情放松，睡眠充足

考前的休息也十分重要，千万不要在考试前夜牺牲睡眠时间去复习，这是得不偿失的。临考前夕，要尽情放松，看看花草散散步，减轻心理紧张度，听听音乐愉悦心情，打打球调剂大脑，早些休息，一定要避免思考过多，精疲力竭。

同时家长也要尽量为孩子创造一种和谐、轻松、愉悦、安静的家庭氛围，不要用言语刺激孩子，让孩子充满自信地步入考场。

（3）考试当天：适时到考场

考试当天，首先必须做到吃早吃好。也就是说要有充足的用餐时间，最好在考前一个半小时用餐完毕。否则会因过多血液用于消化系统，使大脑相对缺血，影响大脑功能的发挥。

在到考场的时间上，一般在考前20分钟到校为宜。太早了，遇到偶发事件的可能性增大，极易破坏良好的心态。过迟，来不及安心定神，进入考试角色的心理准备时间太短，有可能导致整场考试在慌乱中进行，造成不必要的失误。

（4）掌握一定的应试策略

考生在具备了扎实的基础知识、基本技能、良好的心理品质后，还应该掌握一定的应试策略，这里讲的应试策略就是科学地应试，掌握一定的方法技巧，这对实现考试目标有着至关重要的作用。总有一些考生考试时"怯场""晕场"，除了心理上的原因外，没有掌握科学的应试方法也是一个重要原因。

如果做出以上努力后，仍出现怯场，也不必惊慌。这时你不妨按照以下步骤：先搁下试卷，伏案休息片刻，这种转移注意力的方法，有助于克服紧张情绪。也可采取深呼吸的方法慢慢呼气、吸气，同时放松全身肌肉。经过1~2分钟的练习，也能消除极度紧张状态。

做好考前复习，杜绝投机心理

我们都知道，每个中学生都不可避免地要面对各种各样的考试，在考试面前，大部分学生都有一定的紧张心理，也有一些学生会因为平时不努力而抱着临时抱佛脚的心态，其实，这些心态都是导致他们考不好的一大原因。相反，那些注重平时积累、在考试前做到了有针对性地复习的学生多半都能做到"以不变应万变"，最终获得理想的成绩。其实考试最终还是要靠自己的综合实力，绝不是靠运气就能获得成功的，因此在考试中抱有投机心理，是不会取得好成绩的。

有个学习优异的初中生是这样学习的：

这名同学很聪明，平时老师和同学们都觉得他不爱说话，在课堂上的表现也不是很踊跃，但每到考试成绩公布时，他的成绩总会令老师和同学们惊讶，尤其是那些文科的科目。

在一次班会中，老师让他给同学们分享学习的经验，这时，大家才明白他成绩优秀的原因。

他的学习方法是这样的：老师每讲完一节课，晚上他就会把老师所讲的内容复习一遍，并且每隔三四天，他又会把前面的内容大致复习一遍。由于复习及时，考试之前，他不用再像其他同学那样"开夜车""临时抱佛脚"，也能很轻易地取得好成绩。

的确，很多中学生在学习时，常常用"临时抱佛脚"的方法学习，即明天就要考试了或者离考试时间不远了，对自己没有学好的科目进行突击学习。诚然，这种方法偶尔会帮我们应付考试，但实质上，这种方法并不能使我们真正掌握知识。相信你也有这样的经验，一旦考试结束，你"临时抱佛脚"学来的知识又立即忘光了。其实这种现象很正常，因为人的记忆规律显示，这种记忆只是临时记忆，过不了多久，它就会消失。所以，这种"临时抱佛脚"式的学习方法并不是科学的学习方法。

因此，要想真正考好，我们就要有好的考试心态，这就需要我们注重平时的积累。当然，除此之外，我们最好还要掌握一些消除考试紧张心理方法：

1.建立成功的自我意象

美国著名心理学家爱默生认为："生动地把自己想象成失败者，这就使你不能取胜；生动地把自己想象成胜利者，将带来无法估量的成功。"要想取得考试的成功，就必须在内心确立成功的自我意象。因此，在考试前，我们完全不必为考试承担太大的心理压力，尽量放松自己，心里想象着自己已经取得了好的成绩，然后让这一分好的心态带我们进入考试。

2.调整心态，沉着应考

在考试前，我们可以做几次放松自己的训练，比如，做几次深呼吸，然后暗示自己："我的状态不错，应该取得好成绩。"在考前几分钟应该自己安静独处，不要再和别人讨论知识上的问题，以免破坏自己胸有成竹的感觉。

3.调整睡眠，不要"开夜车"

一般晚上11点左右，我们就应该做睡眠的准备了。人如果睡眠不足，就容易烦躁，思维速度跟不上。上课迷糊，注意力不集中，想努力听讲，可不一会儿就走神。考生应该清楚每天能做多少事，然后集中最好的状态来做。人的精力都是有限的，休息是为了更好地学习。

当然除了睡觉外，聊聊天、翻翻杂志、看看电视，都是自我放松和休息的方式。运动减压也是很好的放松方式，像散步、打球等对缓解紧张情绪都很有帮助。此外，轻柔的音乐也可以让人缓解和释放压力。

的确，每个中学生都必须要面对各种各样的考试。只有做到努力在平时，做好点滴的积累，才能避免因为准备不充分而导致的考试紧张，才能做到厚积薄发。

第 7 章

敢于提出疑问：
学会独立思考，且能在思考中学习

养成积极提问的好习惯

学问学问，学本乎问，非问无以成学。在这个问题上，古今中外都已达成了共识。古人曰："学贵有疑，小疑则大进。"这里的"疑"其实就是"问"，是人类打开知识大门的金钥匙，所以才有孔子"入太庙，每事问"的美谈。英国哲学家培根曾说过："多问的人将多得。"而爱因斯坦则说："提出一个问题往往比解决一个问题更重要，因为解决问题也许仅仅是一个教学上或实验上的技能而已。而提出新的问题、新的可能性，从新的角度去看旧的问题，都需要有创造性的想象力，而且标志着科学的真正进步。"

我们要养成积极提问的好习惯，就要做到以下几点：

1. 大胆提问

陶行知先生曾说过："发明千千万，起点是一问。禽兽不如人，过在不会问。智者问得巧，愚者问得笨。人力胜天工，只在每事问。"在课堂上我们要敢于提出自己的问题，暴露出自己的问题。只要是经过了思考的问题，不论正确与否，我们都应该勇敢地提出来，让老师和同学们帮助解决问题。还有一些不懂或不能理解的问题，也要敢于讲出来，让老师了解自己的疑问，听听老师是怎样解决这个问题的，绝对不能不懂装懂。只有在课堂上敢于提问，才能有效地提高课堂效率。

2.培养提问的意识

敢于提问对于开发学生的智力、培养创新意识和实践能力都是十分重要的。在平时的生活中，我们要有意识地培养自己敢于提问的意识。我们或许都有这样的感觉，在小的时候特别爱问问题，常常是打破砂锅问到底，可是随着自己越来越大，我们想提问的欲望却越来越小，我们经常没有问题可问。面对这样的情况，我们更要敢于提出问题，只要自己能够大胆地说出自己的看法，无论正确与否，那就是值得高兴的事情。假如自己想到提问就情绪紧张，担心自己说不清楚，那么我们可以在课外继续提问；不敢在公众场合提问的，可以在私底下问老师；假如自己的表达不是很清楚，可以把问题写在纸条上给老师。不管是哪种方式的提问，我们都要战胜胆怯的自己，养成积极提问的好习惯。

向自己提问，坚持每日总结

其实，在学习生活中，我们除了向老师和同学提出问题之外，还要善于向自己提问。向自己提问，其实是对自己的一个很好的总结。在学习生活中，我们很难时刻反省自己，看清自己，也不能把自己放在局外人的位置来观察自己，因此，大多数时候，我们只能借助外界的一些信息来认识自己。所以，我们在认识自己时很容易受到外界信息的暗示，迷失在环境里，并习惯性地把他人的言行作为自己行动的参照。向自己提问，就是进行每日总结，以此来了解自己。

曾国藩在三十岁左右的时候，给自己制订了严格的修身计划，曰"日课十二条"。年轻的曾国藩相信，所谓"本性不能移"完全是虚妄之语，他认为人的品行是可以改变的。而且，为了追寻心中那份远大的志向，他努力要改变自己，从而让自己的志向不再虚妄。曾国藩以自己的实际行动表示，一切需要脚踏实地，他曾记载了这样一件小事：在一个月中有三天未能早起，于是便谴责自己，谴责自己是禽兽，是懒鬼。同时，他还把自己睡懒觉、不愿意起床的那一刻的想法记载下来。他说："我以为别人不知道，我睡懒觉就睡懒觉，可清醒之后便想：难道仆人不是人吗？难道仆人就见不到我睡懒觉吗？既然天知、地知、别人也知，那我为何还这么虚伪呢？"对自己立下的志向，他就是这样鞭策自己的。

曾国藩问自己："我以为别人不知道，我睡懒觉就睡懒觉，可清醒之后便想：难道仆人不是人吗？难道仆人就见不到我睡懒觉吗？既然天知、地知、别人也知，那我为何还这么虚伪呢？"这其实就是很好的自我总结，据说曾国藩有晚上写日记的习惯，其目的就是睡前问自己，总结自己一天的言行，好的继续发扬，不好的则记下来改正。这就是一个很好的习惯，每天睡前反省自己，可以更好地了解自己。

作为学生，当我们在施行学习计划的时候，最好是每日睡前总结，完成睡前"七问"。入睡前的总结工作，其实也是很有效率的复习手段之一。那么，在睡觉前我们应该问自己哪几个问题呢？

①我今天上课前都准备好了吗？因为只有做了充分的课前预习，才能在上课时跟上老师的思路，和老师同步进入角色。在学校里的任务主要是上课，那仅仅是这件事自己做好了吗？具体到某些细节就是：上课预习了吗？充分预习了吗？跟上老师思路了吗？上课是学习过程中的关键环节，通过上课，我们接收到了老师通过授课传递过来的知识，有助于自己更深刻地理解课本知识。而且，在上课之前，一定要做好预习工作，并且是充分的预习。预习不是简简单单地看一遍书，预习必须是认真地看一遍书，哪些是自己已经理解的，哪些是需要解决的问题，都需要一一勾画出来。

②今天在课堂上我与老师互动得如何？我主动参与了吗？我是今天的主角吗？上课是学生在老师的组织和引导下对知识认知的过程，要想提高听课的效率，那么学生的思路就应该紧跟着老师走，这样才能有效地提高课堂效率。然而，在课堂上有许多学生喜欢开小差，不是停留在老师所讲解的知识点里，就是对学习没有兴趣。面对这样的情况，我们要善于反思自己，积极配合老师

的教学活动，在课堂上跟着老师的思路走，从而提高自己的听课效率。

③从这堂课，我在知识、能力、方法、技能、情感上有所收获吗？躺在床上，开始回忆白天所上过的课，回想自己在课堂上学到了什么：在数学课学了什么，在语文课上了一堂怎么感动的课，在化学课上又做了什么有趣的试验，等等。将这些科目的知识总结梳理一遍，加深在大脑中的印象。

④在课堂上我投入了激情了吗？有激情地学习，才是有兴趣地学习。当老师在讲课的时候，我是认真看着课本，还是在搞小动作，还是跟同学讲话，还是在看小说呢？当老师提问的时候，我又在认真思考吗？还是思想开小差了？假如自己真的在认真上课，那明天继续保持这种状态；假如自己上课不专心，那就要自己反省，下次争取改正这个坏习惯。

⑤我今天的得与失在哪里？善于总结才能有所进步。得与失，将是今日的收获。得，就是从课堂上学到了哪些知识，自己在思维上有什么明显的变化，让自己懂得了什么道理；失，就是因为不专心听课遗漏了什么知识，哪些学过的东西没来得及复习，等等，失可以花时间和精力补回来。

⑥明天我还有哪些任务？临睡前，再想想明天自己还有哪些任务，除了按时上课之外，需要补习英语或数学？阅读一篇课外文章？听一个小时的英语？

⑦今天我过得快乐吗？我们要学会享受学习，才能体会到学习的乐趣。今天的学习快乐吗？快乐是什么造成的呢？是因为知识的魅力。不快乐是什么造成的？仅仅是因为学习枯燥吗？还是自己某方面的原因？

吸取他人经验

在学习的过程中，不可以自以为是，更不能随便向人卖弄，也不要因为怕丢面子，而羞于向别人请教。大量事实证明，那些喜欢卖弄自己的人，必将自取其辱；而虚心向他人请教的人，则一定会得到尊重。那些自以为是的人，往往是不懂装懂，等他找到事情真相的时候，经常会苦不堪言。在学习的道路上，不怕不懂，就怕不懂装懂，自以为无所不知，其实就是最大的无知。学习从来都不是一件容易的事情，在这个过程中总会遇到这样或那样的困难，这时我们要虚心向那些成绩比我们好的同学请教，从他们那里吸取经验。

年轻时候的富兰克林很自负，有一次，一个工友把富兰克林叫在一旁，大声对他说："富兰克林，像你这样是不行的！凡是别人与你意见不同的时候，你总是表现出一副强硬而自以为是的样子，你这种态度令人觉得如此难堪，以致别人懒得再听你的意见了。你的朋友们都觉得不同你在一起时比较自在些，你好像无所不知、无所不晓，别人对你无话可讲了，他们都懒得来和你谈话，因为他们觉得自己费了力气反而感到不愉快，你以这种态度和别人交往，不去虚心听取别人的见解，这样对你自己根本没有好处，你从别人那里根本学不到一点东西，但是实际上你现在所知道的却很有限。"富兰克林听了工友的斥责，讪讪地说道："我很惭愧，不过，我也很想有所长进。""那么，你现在要明白的第一件事就是，你已经太蠢了，现在还是太蠢了！"这个工友说完就离开了。

这番话让富兰克林受到了打击，他猛然醒悟了过来，他开始重新认识自己，与内心做了一次谈话，并提醒自己："要马上行动起来！"后来，他逐渐克服了骄傲、自负的毛病，成为了著名的科学家、政治家和文学家。

一个自负的人是听不进任何意见的，因为他拒绝倾听别人的意见，所以最后他还是一个自负的人，什么也不曾改变。在学习的过程中，只有懂得反省自己，在学习中遇到什么不懂的问题，虚心向那些成绩优秀的同学请教，那我们的学习才会不断地进步。

学习中的合作很重要，这样会让合作的双方都取得优异的成绩。当我们在思考如何学习的时候，不如去学习正确的学习方法，学会合作，以取长补短的方式来取得双赢。或许，许多学生对于"合作"这样的词语只有模糊的认识，可能他们更多的时候是把这个词语用在了参加集体活动中，还没有意识到可以用到学习上来。因此，在学习过程中，我们更要注重虚心请教、取长补短，求取共同的进步。

1.学会合作

如果自己某方面的学习成绩不好，我们可以在班里认识能够与自己配成学习小组的同学，我们早一天意识到合作带来的成效，就会尽早习惯于从合作中受益。而且，合作并不仅仅体现在学习上，还可以体现在其他多个方面，学会合作，既可以获得学习上的双赢，还会让你在未来的人生路上多一分平坦。

2.明白合作的重要性

在学校里，那种全优秀的学生毕竟是少数，大部分学生有着学习成绩不平衡的情况。这时候，我们就要想办法来提高自己的学习成绩，既不用请家教，也不用父母帮助，那就是学会跟班里优秀的同学合作，以同学之长补自己之短，感受合作带来的强大力量，实现双赢。这样一来，我们就会明白合作的重要性，即便以后在学习上遇到了困难，也会以合作来达到双赢。合作是一种成功者所必备的能力，我们就是要逐渐地培养自己这方面的习惯，使自己拥有合作的能力。

培养自己的独立思考能力

独立思考,是愚者成为智者的钥匙,遇事缺乏思考,是智者成为愚者的根源。尤其是学生,需要养成独立思考的习惯,这是我们发现新的知识、通向成功之路不可缺少的桥梁。独立思考的学生,是不唯书、非常自信的人。一个经常怀疑自己的学生,也是不敢怀疑书本的,一个不敢怀疑书本的人,是难以在学习过程中获得好成绩的。古希腊哲学家赫拉克利特曾说:"博学并不能使人智慧。"只有在学习和生活中善于独立思考,才能开出智慧的奇葩。在学习上独立思考,其本质就是在学习知识的过程中要经过自己头脑的消化。当然,在学习的过程中,有些机械地记忆和模仿是有必要的,不过最终要变成自己的东西,还需要经过自己的一番思考。假如一个人不能独立思考,就会在学海中随波漂流,人云亦云,不知道会漂向哪里。

培养自己的独立思考能力,养成独立思考的良好习惯是非常重要的。科学巨匠爱因斯坦非常强调培养人的独立思考和独立判断的能力,他说:"发展独立思考和独立判断的一般能力,应当始终放在首位,而不应该把获得专业知识放在首位。"当然,爱因斯坦是这样说的,同样也是这样做的。正是由于养成这种独立思考的良好习惯,他才创立了相对论,从而开辟了科学史上的新纪元。同样,杨振宁作为诺贝尔奖获得者,也认为学习和做研究工作的人一定要有独创的精神和独立的见解。在他看来,独创是科学工作者最重要的素质，而这又必须从学生时代开始培养。当我们还是学生的时候，就要在学习的基础上，敢于独立思考，提出独创性见解。

一个老翁和一个小孩用一匹驴子驮货物去市场上卖，货卖完了，孩子骑着驴往回走，老翁步行。路人责怪孩子不敬老，于是他们互换了位置，结果老人又被指责不爱惜孩子。老人忙将小孩抱上驴子，两人都骑在驴子上，可又有人说他们残酷。于是，两人都下来，又有人笑他们太傻，有驴子不骑。就这样经过几番折腾之后，他们决定抬着驴子走。

其实，这个故事所启发给我们的就是：不会独立思考，不会自己拿主意，就会连普通人都做不好，更不用说做独当一面的能人了。

不过，独立思考并不是胡思乱想，它需要一定的知识作为基础。如果脑袋里空空如也，一无所有，那么任凭你怎么样独立思考，也不会思考出什么"出类拔萃"的东西来的。完全独立的"独立思考"也是不存在的，人们总是在吸取前人有益思想的基础上，才可以进行独立思考，从而得出与前人有所不同的东西来。所以，对于我们学生而言，最重要的就是学习一切有用的知识，在此基础上培养自己独立思考的良好习惯。

怎么样才能使自己养成独立思考的良好习惯呢？

1.意识到独立思考的重要性

在学习过程中，我们要意识到独立思考的重要性，产生独立思考的热情。我们需要及时转变想法，让自己真正领悟到独立思考的意义，这样就会主动进行独立思考，并逐渐养成独立思考的良好习惯。

2.不能尽信书

在学习过程中，遇到问题不要马上去翻书、查资料，要冷静下来，先自己想一想，不让已有的思维习惯扰乱自己的独立思考。我们这样做并不是在否定书，而是为了养成独立思考的习惯，培养自己的创新精神。

3.进行独立思考的活动

即便自己在思考某些问题时还存在一些缺陷和不足，那也要相信自己。而那些出现的问题，则要寻找方法进行解决。不要小看这些独立思考的小火星，俗话说得好："星星之火，可以燎原。"只要我们敢于独立思考，就表示自己不拘泥于现成的东西，那是十分可贵的品质。

有疑问立刻就问

提问，其实是孩子的天性。天为什么是蓝的？人为什么要吃饭？大海究竟有多大？像这样类似的问题，哪个孩子没缠着父母问过呢？不过，遗憾的是，随着孩子的年龄、受教育的时间增长，他们变得越来越不爱提问了。

孙中山小时候在私塾里读书，那时候上课，先生念，学生跟着念，咿咿呀呀，好像唱歌一样。等到学生读熟了，先生就让他们一个一个地背诵，而至于书里的意思，先生是从来不讲的。

有一天，孙中山来到学校，照例把书放到先生面前，流利地背出昨天所学的功课。先生听了，连连点头。接着，先生在孙中山的书上又圈了一段。他念一句，叫孙中山念一句。孙中山会读了，就回到座位上练习背诵。孙中山读了几遍，就背下来了。可是，书里说的是什么意思，他一点也不懂。孙中山想，这样糊里糊涂地背，有什么用呢？于是，他壮着胆子站起来，问："先生，您刚才让我背的这段书是什么意思？请您给我讲讲吧！"

这一问，把正在摇头晃脑高声念书的同学们吓呆了，课堂里顿时变得鸦雀无声。先生拿着戒尺，走到孙中山面前，厉声问道："你会背了吗？"

孙中山回答说："会背了。"说着，就把那段书一字不漏地背了出来。先生收起戒尺，摆摆手让孙中山坐下，说："我原想，书中的道理，你们长大了自然会知道的。现在你们既然想听，我就讲讲吧！"先生讲得很详细，大家听得也很认真。

后来，有个同学问孙中山："你向先生提出问题，不怕挨打吗？"孙中山笑了笑："学问学问，不懂就要问。为了弄清楚道理，就是挨打也值得。"

提问能力、质疑能力是发明能力、创新能力的基础和源泉。亚里士多德说："思维自疑问和惊奇开始。"不管是牛顿、瓦特还是爱因斯坦，这些大科学家的成长历程中，都有少年爱问的故事。比如，牛顿的"苹果为什么会掉下来"，这几乎是妇孺皆知的故事。

那么，怎样才能提高自己的提问能力呢？

1.每天整理疑问清单

在每天的学习过程中，我们都有许多疑问，这无数个问题，我们整理了吗？许多同学觉得问题既然弄清楚了，就没必要记录下来了，其实，这是个误区。人大多有遗忘的心理，当这个问题暂时被解决之后，下次再遇到类似的问题，我们还是毫无头绪。因此，最好的办法就是写出每天的疑问清单，包括今天都问了哪些问题，都一一解决了吗？问题的最终答案是怎么解决的？是靠自己独立思考的，还是在老师的帮助下解决的？假如是在别人的帮助下完成的，那自己在思维上出现了什么偏差呢？这些都需要记录下来，以供自己复习。

2.不让难题过夜

人都有懒惰心理，有的学生在遇到一道难题的时候，总想对自己说：放弃吧，明天再来做吧。可是，明日复明日，明日何其多？既然是今天遗留下来的问题，那就今天解决，而不是把难题留到明天解决。而且，当我们攻克一道难题时，大脑是处于兴奋、活跃的状态，这时的想法就是不做出来绝不睡觉。在这样强大的意志力下，即便自己不能独立解决，也要请教父母或同学将难题解决了，而这个过程留给自己的印象也是异常深刻的。至少，下次再遇到这样的难题，我们就可以回想起那个与难题抗争的晚上，所有的思路自然就打开了。

第 8 章

提升积极性：
树立主动学习的意识

养成自主学习的习惯

古人云："近朱者赤，近墨者黑。"环境对每个人的发展有着至关重要的影响。古有"孟母三迁"的典故，讲的也是这方面的道理。同样，对于要参加中考的学生而言，能不能高效地学习，与他所在的学习环境也有重大关系。我们不难发现，绝大部分中考状元在谈及成功的因素时，大都会感谢父母和老师给了自己一个轻松的环境。父母不看重名次、老师不看重分数，而都是注重给考生营造良好宽松的学习氛围，注意给考生塑造积极向上的考试心态。如此一来，考生没有了包袱，轻装上阵，自然能发挥出平时的水平。

如果想为自己创造良好的学习环境，那么，首先我们应该端正学习态度，找到适合自己的学习方法，养成良好的学习习惯，这样，我们便能得到父母和老师的宽松管理，自然也就能真正实现自主学习，对此，你需要做到以下几点：

1.变"要我学"为"我要学"

激发深层次的学习动力，即进一步激发高层次的求知、创造和审美的需要。把学习当作自己高层次需要的满足，当作自己生命中不可缺少的部分，这个时候就能激发我们的潜能并达到最高水平。为此，我们需要树立远大的理想和明确的学习目标，理想的层次愈高远，目标愈明确，提供的学习动力就愈强劲愈持久。

2.变"苦学"为"乐学"

培养学习的兴趣，明确学习本身的价值以及学习对自身今后发展的作用。在成功的体验中获得学习的乐趣。

3.变"学会"为"学会"

一是要认真研究学习方法，培养自学能力。二是要认真听取老师的学法指导，不断总结适合自身的学习方法。三是要取长补短，积极主动地和其他同学进行学法交流。

总之没有良好的学习氛围，我们的学习效率就会大打折扣。只有在良好的学习环境中，在良好的班风学风的氛围下，我们才能轻松、高效地学习。

主动学习，有效提高自学能力

有人曾说过："未来的文盲不再是不识字的文盲，而是没有学会怎样去学习的人。"现在是知识爆炸的时代，科学技术迅猛发展，光靠教师在课堂上传授知识是远远不够的，迫切需要学习能力的培养，特别是学生自学能力的培养。而对于中学阶段的学生来说，要想真正掌握知识，就应该学会自主学习，培养一定的自学能力。

如果你也希望真正掌握知识，并考出一个好成绩，就需要重视自学能力的培养，这也是素质教育的要求。自学能力是打开知识宝库的金钥匙，是创新成功的基本途径之一。

那么，我们该如何培养自己的自学能力呢？

1.通过预习，培养自学能力

预习就是一种自学，学生通过自己的思考，对将要学习的知识有一定的了解，然后在教师的讲解下会很快掌握。我们在课前先学习、理解书本知识，这是培养我们自学能力的开端。当然，我们可以请求老师监督，从而知道自己的完成情况，这样，我们就能学会自己预习，而且效果会不断提高，渐渐地就能掌握自学知识的能力了。

2.根据学习规律指导学习方法，培养自学能力

要培养我们的自学能力，就要研究学习规律，根据学习规律去指导自己

学习。这样，我们就能在学习概念原理时，找到思考的方法；在解题时找到分析问题的方法；在复习时，找到概括综合能力的方法。当我们具有了一定的学习方法，就赢得了学习的主动权，就可以逐步依靠自己的能力去获取知识了。

3.学会归纳学习方法，培养自学能力

一个人自学能力的强弱，很多时候是体现在他的学习方法上的，一个会自学的人，通常都有一套自己行之有效的学习方法。当然，这是一个循序渐进的过程，需要我们不断摸索。

总之，我们要在学习中发挥自主意识，并且要把培养自己的自学能力渗透到生活中去，我们只有做到主动去学，自学能力才会逐渐增强。

利用课余时间自主学习

同样是学习,当你埋头苦读挑灯夜战而成绩依然徘徊不前的时候,你是否对于那些从来不熬夜而学习成绩名列前茅的优等生充满羡慕呢?实际上,在学习中,除了上课学习认真听讲之外,我们还需要利用部分课余时间。对于学习而言,时间是越多越好,因此,我们除了需要抓住上课那宝贵的45分钟,更需要充分利用课余时间。当然,利用好课余时间,并不是说尽我们所能把所有能利用的时间都利用完,没日没夜地做习题、背书,这样的效果反而会适得其反。我们所需要做的是有效利用课余时间,在有限的时间里发挥无限的学习效率,这样才是最高效的学习方法。

课余时间并不是说做的就是与课堂无关的事情,正好相反,我们应该利用好充裕的课余时间,将自学进行到底。因为自学是一种能力,它培养和锻炼了我们的思维能力、分析能力、综合能力。

如何利用课余时间自主学习呢?

1.善于做笔记

在课余的时间,我们要善于做笔记,那些优秀的学生往往是一边听课一边记重点,不是事无巨细地全盘记录,而是善于记下老师补充的东西,课本上没有的内容,尤其是思维方法更是要认真记录下来。这样老师在课堂上强调的重点,在笔记本里都可以找得到。比如,在自己笔记中间画一条线,一边记老师的重点，一边写课文里的注释，复习时可以说是一举两得。还可以及时整理自己平时细心积累的笔记本和错题集，尤其注意让知识系统化，积极思考有助于解决问题。

2.多阅读

在课余的时间我们可以多阅读课外书，阅读作为知识的一个重要来源，也有一定的方法。阅读前先看目录、图表以及插图，先有了大致的了解后再阅读正文就可以学到更多的知识。要当积极的阅读者，不断地提问，直到弄懂字里行间的全部信息，尤其是弄懂知识的起点和终点，梳理好知识要点，还可以利用课外时间广泛涉猎其他领域的知识。

3.调整好心态

在课余时间，我们不要回避问题，遇到思想问题可以通过找老师或同学，或者通过自我反思，进行自我调节，摒弃压力，放下思想包袱，化压力为动力。在课下经常给予自己积极的心理暗示，增强自信，通过努力去想、去做，那就没什么不可能。一旦在学习中遇到了挫折，心情变得烦躁，就暂停学习，一个人安静地思考，进行心态的调整。

4.整理错题

许多学生觉得收集错题比较浪费时间，实际上，收集错题不在多而在精。收集太多的错题一方面浪费时间，另一方面复习时会因错题太多而没有重点。收集一些典型而容易错的题是比较有用的，我们可以先听老师分析、讲解，注意不要把答案抄下来，然后仔细回味。我们可以几天甚至几个星期都不去看它，直到将那道题差不多忘记的时候，再提笔做一遍，假如难以做出，就向老师请教，这样就会加深印象。

5.写日记

在课余的时间，我们可以养成写日记的习惯。写日记可以有意识地写一些优美的句子，提高自己的文采，不必追求篇幅，长篇大论也好，三言两语也好，写下自己认为值得记住的东西就可以了。除此之外，也可以总结一天的收获或发泄一下心情，在压力非常大的升学阶段，写日记还可以减轻压力。

6.与同学互帮互助

在课余时间，我们要开心地与同学相处，遇事不斤斤计较，要宽容豁达。珍惜同学之间的友谊，在学习中互相支持和帮助，课后可以一起讨论学习中的问题，使用不同的解题方法并相互交流心得。假如在课后有了这样和谐的同学关系，那自己也可以全身心地投入学习之中，从而使自己保持较高的学习效率。

别把今天的学习任务拖到明天

曾有人问一个做事拖拉的人："你一天的活是怎么干完的？"这个人回答说："那很简单，我就把它当作昨天的活。"这就是拖沓的习惯。其实，拖沓岂止是把昨天的活今天来干，有人给拖沓下的定义为：把不愉快或成为负担的事情推迟到将来做，特别是习惯性这样做。假如自己也是一个做事拖拉的人，那我们生活中大部分都在浪费时间，做一件事情需要花很多时间来思考，担心这个或担心那个，或者找借口推迟行动，但最后又为没有完成目标任务而后悔，这就是拖沓者典型的特点。作为学生，假如我们想利用好课余时间，那就要拒绝做一个拖拉的人，假如我们把今天的学习任务拖到明天，那将会为明天的遗憾付出代价。

阿尔伯特·哈伯德是一位坚定的个人主义者，一生坚持不懈、勤奋努力地工作着，成功对于他来说是理所当然的。在《致加西亚的信》中，阿尔伯特·哈伯德讲述了罗文送信的情节："美国总统将一封写给加西亚的信交给了罗文，罗文接过信以后，并没有问：'他在哪里？'而是立即出发。"拖沓、懒散的生活态度，对许多人来说已经是一种常态，要想成为罗文这样的人，我们就应该拒绝拖沓。

许多学生有把今天的事情拖到明天去办的习惯，而且还千方百计地寻找理由来安慰自己。但是，要想有时间，就必须抓住每一分、每一秒，不虚度每一天。那些总是向往明天、等待明天而放弃今天的人，就等于失去了明天，结果还是一事无成。放弃时间的人，时间也会放弃他，没有一种不幸可以与失去时间相比，我们应该避免这种不幸。

那么我们应该怎么做呢？

1.留机动时间

一个学习计划太完善了并不是一件好事，因为假如你的计划太过于完善，内容、时间都规定得很具体，一环扣一环，那么一个环节出现了问题，所有的行动就全部实现不了了。因此在制订学习计划的时候，一定要留有余地，有足够多的机动时间。

2.符合自身实际情况

有时候，造成计划实行不了的另外一个原因，就是制订计划时没有结合自己的实际情况。比如有时候没有考虑到自己的能力，没有考虑到环境的需求。

3.拒绝懒惰

有时候我们是因为太懒惰了，我们根本不在乎是否可以实现一个想法，而是只需要享受即时，一直到"老大徒伤悲"时，才会感叹自己"少壮不努力"。

4.做事要立即行动

有时候我们做事情太过犹豫不决，迟迟未见行动，一再拖延。我们看着制订好的学习计划，总是对自己说："等一等，等我准备好了就一定开始。"然而，准备又准备，从未就绪，正所谓"时不我待"，如果失去了马上付诸行动的机会，那就没办法成功。

5.不要总是寻找借口

有时候我们为了一时的快乐，而放弃已经确定的目标，我们常常为自己耽误时间而后悔，却又不能及时地约束自己，到最后是一事无成。而且，不要总是找理由安慰自己，比如"这种方法不错，可不适合我""我已经发誓早起很多次了，可就是做不到，看来我的天性不适合早起""我一看书就困，试过很多次了，看来，我与别人不同，不适合晚上看书"，这些理由看似合理，实际上都是自欺欺人。拒绝任何借口，其实很简单，那就是马上采取行动，而且现在就开始，任何借口都是多余的，成功之计在于马上行动。

归纳总结出合适的学习方法

自学成才的数学家华罗庚在《和自学的同学谈心》一文中曾说:"在人的一生中,在校学习是短暂的,自学是经常的;在学习中,总是没有老师的多,有老师的少;在工作中,书上能够翻到,能够直接用的东西比较少,而通过自己思考,自己想出来的创造出来的东西比较多。"可见,培养自学能力、可以独立地获取知识是何等重要。现在许多学生习惯于"生活难题问父母,学习难题问老师",这个习惯让他们在成长中走上了捷径,不过也在不知不觉中丧失了自学的能力,放弃了自己的主观能动性。为什么许多在校学生有经验丰富的老师传授、指导、点拨、释疑,而在中考中的成绩并不那么理想呢?原因就在于学生在学习过程中,养成了依赖思想、丧失了独立思考的能力,缺乏自学精神和自学能力。

找到自己的自学方法,其实最终还在于自己。学习方法总是有很多,可能每个人都有自己独到的方法,不过真正属于自己的才能算是最好的学习方法。有时候班上会出现学习经验交流会,这时老师会让班里那些成绩优秀的同学为大家介绍学习经验。当看到那些优等生取得了好成绩,而且还能把自己学习的独到之处娓娓道来的时候,心里真是羡慕嫉妒。不过,这样的方法适合自己吗?当然不是完全适合的,所谓的属于自己的自学方法,就是借鉴别人的学习经验,归纳总结出适合自己的学习方法。我们可以通过以下方式找到适合自己的学习方法:

1.问同学

在学校里,许多同学都不知道怎么样处理与周围同学的关系,他们担心向身边的同学请教问题不会得到善意的解答,因为考试本来就是残酷的竞争,而每个人的学习时间都是十分宝贵的,同学怎么可能帮助自己呢?实际上,我们要相信,自己和身边的同学都是朋友,而非敌人。每年都有上万人参加考试,只有大家互相帮助,才能共同进步。

2.问父母

许多学生觉得,自学就是自己一个人的事情,父母根本帮不上忙。其实,与父母做好沟通是十分关键的,因为这样你才不会感到是孤身一人,在你身后还有爸爸妈妈的信任与支持,这是一个多么幸福的事情。当一家人一起分担考试的压力,我们身上的重担就不会那么沉重了。在自学过程中,有了困难和父母一起解决,有了成绩与父母一起分享,这样我们的自学才会变得更加从容自如。

3.问老师

在向老师请教这方面,可能成绩不太好的学生内心会感觉自卑,觉得老师只会关心那些成绩好的同学,自己怎么样根本不会在乎。实际上这样的理解是错误的,我们要对自己有信心,相信自己努力之后,一定可以考出好的成绩,我们也一样可以成为一个优秀的学生。愿意在课余时间自学的学生,更会受到老师的赞赏,老师会愿意帮助我们中的任何一个,解开我们心中的疑虑,成为我们自学旅程上的引导者。

假期是查缺补漏的好时机

在课后，我们总是希望能抓住一切可以利用的课余时间进行学习，然而，许多学生却忽视了对寒暑假的利用。实际上，寒暑假是学生自我调整、自我巩固提高的关键时期。在寒暑假里，学生的学习将由在校时的被动学习变为完全靠自己的主动学习，因此，我们要制订一套合适的学习计划和假期作息时间表，做到学习有计划、生活有规律。当然，我们寒暑假在家里没有在校集体学习的氛围，不过也不能想什么时候学就什么时候学，或学到哪儿算哪儿。假期的学习计划一方面要包括学习知识内容的计划，比如寒假作业、薄弱学科的补习以及课外学习等；另一方面还要包括整个假期的时间安排，比如什么时间和家人串亲访友、什么时候进行体育锻炼以及什么时候学习等。

那么在寒暑假里，我们该如何进行学习呢？

1.执行学习计划

我们通过制订学习计划，努力将自己学习状态调整到最佳、最高效，高质量地完成假期学习。比如，每天学习时间保持在7~8小时（上课时间包括在内）；学习时间最好固定在上午8：30~11：30、下午14：30~17：30、晚上19：30~20：30。不能睡懒觉，也不要"开夜车"。制订自己的学习计划，主要以保证每科的学习时间为主，比如学习数学两个小时，但两个小时后你的学习任务还没完成，那建议你按照计划更换其他科目复习。

我们可以把晚上学习的最后一个小时设置为机动时间，目的就是把白天没有解决的问题或没有完成的任务再弥补一下。每天至少进行三科的复习，文理分开，把擅长或讨厌的科目交叉进行，不要前赶或后补作业。完成作业并不是目的，而主要是根据作业查漏补缺，或翻书再复习一下自己的薄弱环节。

在假期中，要认真、客观地对待期末考试分析，看看自己哪些题丢了分，弄清楚丢分的原因，比如是基本知识没掌握好，还是学习态度不端正，或许是学习方法不适合，这些都需要全方位的分析。分析之后，我们需要总结经验教训，为自己制订一套假期学习计划。假期的时间有限，因此我们要在假期学习中多补习薄弱科目，对薄弱环节进行加强分析，看看哪科没考好，冷静分析丢分原因，判断该科是不是弱科。

2.选择真题进行训练

在假期中，我们要有针对性地进行知识复习，尽量多做历年中考真题。在做完一套真题试卷后，需要及时核对答案，看看哪些题目丢分，弄清楚丢分的原因。通过做真题可以帮助我们了解考试的命题范围、题目深浅以及相关题型，同时我们把做错的题记录在错题集里，或用红笔做上记号，易于下次复习，比如英语若总在客观题上丢分，那需要研究该题丢分的原因，其他科目也可以参照这样的学习方法。

3.梳理知识要点

成绩较差的学生需要静下心来，加强概念、单词和公式的记忆，将过去所学的概念、规律、公式等知识梳理一遍。首先可以大致整理出各章节中的重点、难点、考点，找到基本概念之间的联系，让每块知识形成体系；然后将容易混淆的概念、规律加强对比、区分，再以适当的练习进行巩固；最后是把重点难点以及课本中的知识点融会在一起，找出线索，留在考试之后复习用。

4.有序安排假期作业，适当参加辅导班

在假期里，学生在完成作业方面经常会出现这两个极端：一是放假前两天拼命把所有的作业写完，以后的时间只光顾着玩，到了开学把知识忘得干干净净；另一种是先尽情地玩，直到快开学了才开始写作业，保量不保质。因此，我们要有序安排假期作业。

第9章

做好时间规划：
合理安排时间，提高学习效率

制订行之有效的学习计划

某位在中考中获取高分的学生这样说道:"确定每日、每周、每月的安排,坚定执行,必有成效。我在初三时的时间安排紧中有松,每天早晨7点到教室,先是做半小时的英语练习,然后开始上课;中午回家吃饭后休息半小时,这时我会躺在自己的小床或沙发上;1点20分到2点50分,我会去学校教室学习;下午和晚上按照学校的课程安排学习。当然,在课间休息的时候,我都是离开座位到教室外面的走廊走动一下。中午在教室学习的时候,我还时而看看报纸和杂志,这样可以放松大脑,还可以为作文积累素材。而且,在一周之内,我还会为自己安排一个放松的时间,比如周六或周日上午,完全抛开学习,好好放松身心。

良好的学习计划是实现学习目标的蓝图,每一个同学都应该有自己的学习目标,而这个目标的实现就需要脚踏实地、有步骤、有计划地完成。学生们在学习中有了计划,就会把自己的行为置于计划之中,这样就有了明确的目的。当然,学习生活总是千变万化的,总有些事情会打乱我们的计划,这其实就是理想的计划和实际学习生活之间的矛盾。在这个长期的磨合之中,学生们的意志就会越来越强,他们会坚持自己的学习计划,直到目标达成的那一天。

制订有效的学习计划,有助于学生们养成良好的学习习惯。按照科学的学习计划行事，可以让自己的学习生活节奏分明，一旦形成了习惯就会有相应的条件反射。在学习时能安心学习，在活动时会自觉去参加活动，这些都成为了自觉性的行动，时间长了，就会养成良好的学习习惯。而且，学习计划是科学性的，当学生知道自己如果再多玩一个小时，多聊一个小时，就会导致计划里的某项任务完不成，而这项任务会给自己整个学习带来影响，那他就会克制自己想玩的欲望。

那我们应如何制订学习计划呢？

1.有制定学习计划的理念

许多同学说自己很无奈，要看要学的东西太多了，每次面对课本都无从下手，其实造成这个现象的最大原因就是学习没有计划性。制订一个学习计划可以快速提升我们的学习效率，让我们在有限的时间里最大限度地完善自己的不足之处。比如，制订日计划和周计划，将计划与课本内容相结合，每天哪个时间段看什么课本，在多长的时间内应该看完这本书，用多久的时间来进行复习，看到什么样的程度之后需要通过做题来检验。

2.合理安排哪个时间段该做什么事情

举个例子，某同学每天学两个小时的数学，这对他而言是合适的学习时间。但在一次考试中，数学成绩开始出现下滑的现象，那么他应该从现在开始每天用三个小时来学习数学吗？当然不是，因为学生不可能长时间保持每天三个小时学数学而不感到厌倦，一旦自己对学习感到厌烦了，学习成绩就会下降。坚持计划，就是保持过去适合自己的学习时间不动摇，一次的考试成绩并不能否定你之前制订的有效学习计划，只有每天按照自己制订的计划坚持下去，才会达成自己的目的。

3.短期和长期计划相结合

我们在开始任何学习之前，都需要为自己制订一个周密的学习计划，短时间的比如3个小时自习时间，然后分成若干个时间段，每段时间做哪个科目；长时间的比如看课外读本计划，半个月的时间看完一本书，每天看几页，一天中的哪个时间段适合看书，这些都需要写在学习计划里。

4.早晚预习和检查自己的学习计划

每天早上醒来，躺在床上闭着眼睛，想想这一天有哪些事情要做，哪些章节要看，哪些习题要写。把这一天的时间都计划好，然后按照自己的计划去严格执行。晚上睡前检查一下，今天的计划是不是都完成了，完成的结果是不是让自己满意。就这样，每一天、每一周、每一个月，早晚都要预习和检查自己的学习计划，才能切实地提高自己的学习效率。

5.善于安排时间

同样是一天，不同的人会有不同的效率。比如，有的学生善于科学地安排自己的学习时间，学习和生活井井有条，所显示的效果也很好；有的学生却相反，整天瞎忙一团，学习和生活毫无规律可言。对此，我们要清楚自己一周之内需要做的事情，然后制订一张每日作息时间表，在表上填一下非花不可的时间，比如吃饭、睡觉、上课、娱乐等。然后选定合适且固定的时间用来学习，留出足够多的时间来完成老师布置的阅读和作业。

当然，当你制订好一份学习计划之后，还需要及时调整。当计划执行到某一个阶段的时候，需要检查自己的学习效果，并对原计划中不合适的地方进行调整。而且，计划制订之后需要坚决执行，否则前面所做的就是无用功。对于那些喜欢拖拉的同学而言，坚定执行计划是极具挑战性的。同学们一定要记住：抓住今天，今天的事情今天完成，不要总安慰自己明天一定会完成。

在黄金时间段学习

我们都知道，在不同的时间里，人的体力、情绪和智力状态是不一样的，也就是说，学习时间的质是不一样的。科学家通过中学生一天学习时间效率变化的实验发现，中学生经过早自习40分钟和上午四节课的学习后，学习能力会明显下降，疲劳和疲倦率接近或超过50%。所以，科学家建议中学生一天的学习时间最好不要超过7小时。

因此，我们应该找到自己学习的最佳时间，并充分地利用它。一位中考状元在谈到自己的学习经验时说，他的学习安排和别人有着巨大的差异，比如别人在早晨记忆，而他却在晚上背书，效果也同样很好。也许你会觉得这位同学的学习方法很奇怪，但事实上，他所选择的学习方式与大脑活动规律是一致的。

那么，大脑活动的规律是什么呢？据生理学家研究表明：一般人一天中，早晨往往是记忆的黄金时间；6点是推理能力最佳之时；8点表现为具有严谨周密的思考能力；10点～11点（起床后的3～4小时）是一天里头脑最清醒的时候，人的思维能力、精力、体力等活动指标都达到高峰；下午1～2点，是脑力和体力都较低的时候；下午3～6点，脑力又趋于活跃；晚上8～9点是记忆力最好的时候，有人认为晚上8点是长时记忆最佳时间，晚上0点形成大脑活动的第二个高峰。

由于个体差异，我们可以建立自己的学习时间表。正如安东尼罗宾德所说："世界上没有两个人的个人生物钟是一样的"，每个人的最佳学习时间也存在一定的差异，所以，要掌握自己的"黄金时间"并进行合理的安排，以便提高学习效率。

那么，一天中的最佳学习时间是什么时候呢?

一个人在一天的不同时间，大脑活动的效率是不同的，学习时间的最佳选择应该是一天中大脑最清醒的时候。生理学家研究认为，一天之内有4个学习的高效期。如果你使用得当，可以轻松自如地掌握、消化、巩固知识。

1.清晨起床后

清晨6~7点，此时刚结束睡眠，大脑经过一夜的休息，消除了前一天的疲劳，脑神经处于活跃状态，没有新的记忆干扰。此刻学习一些难记忆而且必须记忆的东西较为适宜，例如语言、定律、事件等的记忆和储存。有时即使还是记不住，大声念上几遍，记熟的可能性也强于其他时候。这是第一个记忆高峰。

2.上午8~10点是第二个学习高效期

此刻体内肾上腺等激素分泌旺盛，精力充沛，大脑具有严谨而周密的思考能力、认知能力和处理问题的能力，是攻克难题的大好时机，应当把握战机，充分利用大脑兴奋来攻关。

3.第三个学习高效期是下午6~8点

这段时间是人脑记忆的又一个高峰期，在相当一部分人中，记忆效果要超过早上6~7点。这是因为，大脑在长期进化过程中形成节奏性，使人在睡眠以前有一个超常的兴奋过程。不少人利用这段时间来回顾、复习全天学过的东西，加深印象，分门别类，归纳整理。这也是整理笔记的黄金时机。

4.入睡前一小时是学习与记忆的第四个高峰期

利用这段时间来加深印象，特别是对一些难以记忆的东西加以复习，就不易遗忘。刚进入睡眠1～2小时内，大脑一般不再接受新的信息，临睡前接收到的信息印象相对较深刻。不少事实证明，某些所谓"梦中启示"的科学发现，大多是在这段时间内产生的。有人认为这段时间是"灵感思维"比较集中的时间。但是必须注意，用脑过度，身心疲惫的人，多半不会出现这种情况。

除以上一般性的学习时间规律外，对于不同的人来讲，还有自己独特的生理时钟。为了提高学习效率，我们要善于发现并充分利用自己独特的最佳时间段。同时，要养成在固定的时间进行学习的习惯。

首先，我们要了解自己一天中学习效率的变化特点，根据自己的生物钟安排学习活动。其次，我们要知道自己一周内学习效率的变化情况，根据一周内学习效率的变化安排学习活动。再次，我们要知道自己完成一个任务通常需要多少时间，根据自己的工作曲线安排学习活动。此外，学习时，随着学习的进行，人的精神状态和注意力都会发生变化。一般说来，存在三种变化模式：先高后低，中间高两头低，先低后高。每个人要根据自己的模式，安排学习内容，确保在最佳学习状态时学习最重要的内容，只有这样，我们才能在最短的时间内获得最高的学习效率。

妙用交替学习法，提高学习效率

所谓"交替法"，就是指在学习过程中各门学科之间的轮番交替进行。简单地说，就是在一定的时间里，轮换学习各门学科。其实，人都有喜新厌旧的心理，这符合人的身体和心理的自然规律。比如，当你总是做同一件事，不管是身体还是心理都会产生厌倦和抵触。当然，顺应这个规律的正确方法就是不断地弃旧迎新。不过，新和旧是转换的、互相取代的，新转化为旧，旧又变成新。比如，在做题的时候，假如时间超过了一个半小时，那就没有办法集中精力学一门学科，或只做某一门学科的题。换言之，你桌上放着四五门学科的书，假如学习时间为一个半小时，那就安排三到四门学科，每科学习时间最多不超过30分钟，通常情况下20分钟左右。

小刘同学今年19岁，现为香港科技大学电子工程系学生。什么样的学习方法比较有效果，怎么样安排学习时间才可以提高学习效率呢？这样的话题对于即将走入考场的学子而言无疑是极具吸引力的，而小刘独创的交替学习方法或许对学生有些帮助。

对于学习方法，小刘认为，所谓"学习方法"也就是在自己长期学习过程中使用且行之有效的方法，这是个十分个性化的东西，通常不具备普遍性。在他看来，学习没有捷径可走，都需要付出很大的努力。他认为，一些方法是无形地隐藏在学习过程中的，因此要善于发现、挖掘并总结自己的学习方法。假如某一节课或某一段课程内容，你感觉特别有收获，效果良好，那你就要回过头沿着学习的每一个过程的细节，认真寻找、发现、研究、归纳和总结，找出这一段学习与其他段学习的不同之处，最终发现适合自己的学习方法。

小刘认为，人的大脑接受某一类新信息时，前半个小时最兴奋、最活跃，学习效率最高、效果最好。超过30分钟即开始下降，假如这时候继续学下去，效果就会大打折扣。但是，接下来换另一门学科，大脑就会处于最活跃、最兴奋的状态，就这样下去，一个学习周期为一个半小时到两个小时，最多不超过两小时。一次学习时间超过两小时，效果十分差，还不如休息一小时后下一轮学习的20分钟效果好。

我们会时刻关注自己的学习情况，有时候可能是某一方面的学习成绩下降了，我们就会把全部重心集中到那一方面的学习上，比如，数学成绩下降了，我们就会让自己在一定的时期内天天学数学。有的学生则不会科学地安排学习计划，在周末或者假期的时候，可能会安排出这样的学习计划："周一数学，周二语文"，让自己一整天都在学习某一科。其实，我们的注意力还是比较分散，而且，长时间地学习一门功课，所达到的学习效果不明显。另外，时间太长了，自己也会觉得枯燥，不自觉地就会抱怨"又是数学啊""天天写这个，我都写烦了"。我们的耐性是有限的，若在不情愿的情况下学习，所获得学习效果也会很差。所以，我们在安排学习计划时要讲究科学性，不要一科学到底，学会交替学习。

1.每一门功课的学习时间不宜过长

我们要科学地安排学习时间，每一门功课的学习时间不宜过长。比如，有的学生习惯以一天作为自己的某门功课的学习时间就太长了，往往到了下午，就没有耐心再学下去了。这样的情况，我们可以参考学校所列出的课程表，上午几乎没有重复的课程，这样可以让我们在每一节课都能保持注意力。所以，在周末或者假期为自己制订学习计划的时候，也要合理安排学习的时间，在学习主科的同时也可以穿插一些音乐欣赏或者绘画之类的，不仅可以让大脑得到短暂的休息，还可以减少学习的枯燥性。

2.各门功课交替学习

为了让自己保持一定的注意力，可以利用各门功课的差别性来交替学习，这样可以有效地锻炼自己的思维方式，也能让学习呈现出明显的效果。比如，可以在上午学习语文，余下的时间还可以听听音乐；下午的时候学习数学，余下的时间里可以画画。上午和下午这两门全然不同思维的功课，会使我们觉得有一定的新鲜感。

3.成为学习的主人

交替学习有一个潜在的好处，就是可以促进自己各科均衡学习。长时间坚持交替法学习，会让我们不必考试前突击，避免总是被考试牵着鼻子走。若是采用交替法学习，你甚至不用管哪一天考哪一科这回事，因为你都可以应付自如，长时间下去，你就真正成为了学习的主人，而不是考试的奴隶。

4.不要与难题纠缠

学习最重要的是效率，交替学习就是为了提高效率。在学习过程中，一定要调动全部脑细胞，全身心投入其中。在20分钟至30分钟内一定要解决问题，如果在这段时间内还没有思路，那么就马上停止这一科目的学习，因为你已经走到山重水复的境地，不要继续纠缠下去了，否则不仅没有结果，也会浪费时间。等待一个循环或休息之后，当你再回来重新进入这一科目的学习时，就会茅塞顿开，从而顺利解决问题。

5.劳逸结合

连轴转、"开夜车"、加班加点，都是不科学的方法。人的身体和大脑像一部机器，经过一定时间的运转，就会产生疲劳和消沉。假如还继续使用就可能会造成伤害，所以一定要给它一个缓冲、调整、补充和新陈代谢的时间。休息一下、放松一下，不是浪费时间，而是可以更好地利用时间，提高效率。

许多学生都有这样的困惑，自己每天刻苦努力，但是却没有什么效果，反倒是拖累了身体，造成精神恍惚。事实上，我们要想在学习中取得优异的成绩，就必须寻找出正确的学习方法，因为只有正确的学习方法，才能提高学习效率，提升学习质量，最终取得成功。很多同学在大多数情况下，都在盲目学习，虽然整天不停地学习，但是却没有取得好的效果，于是抱怨自己辛苦的付出却没有回报。其实，这样的情况就是没有好的学习方法，准确地说，是没有找到属于自己的学习方法。因为每个人的资质不一样，学习能力不一样，所以每个人的学习方法也不一样，这就需要我们在长期的学习过程中，逐渐摸索出属于自己的学习方法。这是一个苦恼的中学生所记录的日记：

从上一次考试成绩下降之后，我制订了学习计划，开始投入紧张的学习中。每天早上我都很早起床，拿着书本在院子里大声朗读，上课的时候，认真听讲，下课后还会把老师讲过的内容再温习一遍。就连中午，同学们都开始休息了，我也会抓住这机会做几道习题。晚上回到家，我就一个人躲进书房，做练习、看英语书，爸爸妈妈睡觉的时候，我还在书房里看书。

这样经过一个星期之后，我觉得身体撑不住了。这天晚上吃过饭，我拿起书包就往书房走去，爸爸喊道："先别急着去学习，先坐下休息一会吧。"我松了口气，坐在沙发里，就想睡觉。爸爸看见我那困乏的样子，心疼地说："这些天学习起来像不要命似的，身体怎么支撑得住，丁丁，你不能盲目地学习，为了学习而学习，这样只会让自己身体很累，而且学习效率也不高，你没有掌握属于自己的学习方法。"我疑惑地问："可我不知道什么样的方法才是自己的学习方法，我觉得只要把我所有的时间和精力花在学习上，那就可以使我的成绩有所进步了。"爸爸解释道："并不是这样，好的学习方法首先是适合自己的，另外还会有相应的时间休息，这样才能保证学习的质量。提升了学习的效率和质量，成绩才会有所提高，今天就别学习了，早点休息吧，慢慢在学习中摸索出一套自己的方法，这对于以后的学习就是事半功倍了。"可怎么样才能找到适合自己的学习方法呢？我陷入了苦恼之中。

或许，在实际学习过程中，每个人都有自己的学习方式。然而，不是每一种学习方法都适合所有人的，因为每个人的资质、学习能力是有所差别的。我们可以向那些成绩优异的同学请教一些学习方法，再结合自己的学习特点，整理出适合自己的学习方法。比如，早上起床背诵英语，主要是为了熟记单词和优美句子；白天正常上课，按时完成老师布置的作业；晚上花一个小时的时间来练习数学，另外课余时间还会多阅读一些文学作品。而这样安排的理由是，英语是弱项，而语文则是需要进一步提高的。

虽然，学习方法对于每个人而言，并不是完全适合的，但只要你掌握以下几个大方向的学习方法，再结合自己做一些细致的调整，那自然是没有问题的。

学会预习。预习就是在老师讲课之前，自己先独立地阅读新课内容，做到初步理解，做好上课的准备。我们首先可以通览教材，初步理解教材的基本内容和思路。预习时如果发现与新课相联系的旧知识掌握得不好，则查阅和补习旧知识，给学习新知识打好基础。在阅读新教材的过程中，要注意发现自己难以掌握和不理解的地方，以便在听课时注意。

专心上课。课堂教学是教学过程中最基本的环节，上课则是学生学好功课、掌握知识、发展能力的决定性因素。在上课时，我们要带着强烈的求知欲，希望在课上能向老师学到新知识，解决新问题。听课要紧紧抓住老师的思路，注意老师叙述问题的逻辑性、问题是怎样提出来的以及分析问题和解决问题的方法步骤。

完成作业任务。作业是学习过程中的一个重要环节，通过作业不但可以及时巩固当天所学的知识，加深对知识的理解，更重要的是可以把已经学过的知识加以运用，从而发展自己的智力。在写作业的时候，需要搞清楚题目中所给予的条件，明确题目的要求，应用所学知识，找到解决问题的方法。同时，定期将作业分门别类进行整理，复习时，可随时拿来参考。

复习。复习的主要任务就是达到对知识的深入理解和掌握，在理解和掌握的过程中提高对知识的吸收。当天的功课就应该当天复习，并且要复习头一天学习过的内容，这样可以让新旧知识联系起来。复习包括单元复习、期中复习、期末复习、假期复习，在每个阶段，我们都要做好复习工作。

认真对待考试。考试是学习过程的重要环节，通过考试可以了解自己的学习状况，这样可以总结经验教训，改进自己的学习方法。在考试之前，我们应该对各科功课进行系统认真地复习，这是考出好成绩的基础。在考试时要认真审题，仔细检查，答题先从简单的开始，卷面要整洁，书写要工整，答题步骤要完整。考试之后，要对试题进行逐一分析，找出自己学习上存在的问题。

第10章

勤奋自律:
没有努力付出,哪有丰厚回报

克服懒惰情绪，提高学习积极性

从本质上而言，懒惰就像是一种无药可救的病，它虽然并不对人的生命产生致命的打击，却始终依附于人，让人陷入温柔的安乐窝中不愿意打破现状，更不愿意持续地努力。懒惰，让人在学习上也变得非常懈怠，甚至连脑子都不愿意转一转，最终懒惰的人会非常消极和低沉，也变得极其平庸。毋庸置疑，人都是趋利避害的，每个人都希望自己的生活无忧无虑、安逸快乐。然而，岁月静好并不能锻炼和提升人，也无法铸就充实的人生。很多时候，岁月静好只会让人在安逸中被麻痹，也会导致人生如同逆水行舟，不进则退。

科学家经过调查发现，人的一生不管是漫长还是短暂，都有三分之一的时间用于睡觉。可想而知，人生的很大一部分时间都是在睡眠中度过的。当然对于每个人而言睡眠的时间也是不同的，有的人每天只需要睡五六个小时，就能保持第二天精神抖擞，而有的人每天至少要睡八九个小时，才能保证第二天正常的作息活动。实际上，历史上有很多伟大的人物睡眠时间都是很短的，这是因为他们觉得把宝贵的时间用于睡觉，简直就是浪费生命。例如，拿破仑大帝，他很少睡觉超过五个小时。实际上，拿破仑是贵族的后代，他从小就生活无忧，但是因为他有一颗不安于现状的心，所以才能够努力地打破生命的困境，也通过坚持不懈地努力，最终铸就自己辉煌灿烂的人生。当然，我们不是拿破仑，也很难取得拿破仑那样的人生成就，但是我们依然要学习拿破仑的精神，不要总是顺从人生的境遇，不知道进取。唯有更多地反省自己，让自己在人生中崛起，才能从平庸走向伟大，从普通走向传奇。

每个人在努力的过程中都会遇到各种各样的困难，这是正常的现象，也是难以避免的。在这种情况下，如果一味地努力而忽略了打破自身的局限，突破禁锢，那么努力的效果就会微乎其微。只有有意识地突破和超越自我，我们才能真正地重新缔造自我，才能在努力之后让自己拥有令人瞩目的成就。

整个世界都在不断发展和变化，每个人即使坐地不动，也能够日行万里，所以一个人唯有保持进步的姿态，唯有坚持不懈地努力，才能够获得自己梦寐以求的生活和成功。常言道，逆水行舟，不进则退，当大家都在努力进取的时候，如果一个人因为安于现状而停滞不前，那么他就会被时代的洪流远远地甩下，甚至被这个社会彻底淘汰。所以，我们一定要扬帆起航，让生命不断地向前，而不是停滞于当地。与其羡慕他人的才华，不如激发出自己所有的潜能，改变自己的命运，这样才能让自己拥有更成功的未来和人生。

学习就是加油和充电的过程

高考后,雅丽没有考上心仪的大学,为此她决定复读一年,从而继续拼搏。父母也很支持雅丽,希望雅丽最终能够考上理想的大学,也能够拥有成功的人生。在父母的支持下,雅丽非常勤奋,虽然暑假到来,但是雅丽没有休息过一天,而是继续学习。

和雅丽恰恰相反,同桌小雪也没有考上理想的大学,但是小雪并不想复读,她只想去打工挣钱。尽管在父母的强迫下,小雪不情愿地选择了复读,但是小雪对学习并不用心,甚至不如前一年读高三时那么认真。每当看到雅丽苦读,小雪总是对雅丽说:"不上学也有好处,还能早一点挣钱呢,没有必要这么辛苦!如果明年还是考不上大学,咱们一起去打工,那有多好!"雅丽对此不以为然,她常常劝说小雪要用心读书,将来才能有好的人生。小雪对雅丽的话从来听不进去,就这样,原本学习成绩相差不多的雅丽和小雪在复读的一年时间里,成绩变得悬殊巨大,雅丽最终顺利地考上了自己心仪的大学,而小雪连个专科都没有考上,如愿以偿地去外地打工了。

几年之后,雅丽大学毕业选择去一家外企工作。这时候,小雪因为在打工的时候表现突出,在公司也得以晋升,所以小雪赚的钱并不比雅丽少。为此,小雪还沾沾自喜地说:"我虽然没有读大学,却比雅丽积累了更多的资金。"时间又过去五年,这时候小雪已经不能与雅丽同日而语了。原来,雅丽在工作上表现良好，被领导提拔为中层干部。而小雪呢，却被那些后来的年轻女孩所替代，只能在最普通的岗位上过一天算一天。此时此刻，小雪懊悔不已，然而为时晚矣。

人们常说磨刀不误砍柴工，对于雅丽而言，她虽然在学习上花费了更多的时间，但是努力提升自己之后，她的人生有了更好的发展。相反，小雪为了一时的安逸，为了暂时逃避学习，宁愿去打工也不愿意复读，最终浪费了一年宝贵的时间，没有考上理想的大学，虽然如愿以偿地去打工，却因为缺乏知识的储备在职业生涯的发展上很乏力。渐渐地，小雪失去发展的后劲，不得不屈服于现实。

每个孩子都应该对自己的人生有详细的规划，也应该意识到学习就是给自己加油和充电的过程。只有在学习的过程中不断地努力付出，才有可能有所成就，才能够为自己铺垫人生。否则，如果在学习上总是三心二意，不愿意努力，那么最终就会因为懈怠导致人生发展失去动力，也使自己陷入困境和被动之中。

细心的孩子们会发现，古往今来每一个有所成就的人，无一不具有勤奋的特质，也许他们并没有出类拔萃的天赋，也没有不同寻常的能力，但是恰恰是勤奋，让他们脱颖而出。伟大的科学家居里夫人曾经说过，只有勤奋的人才能获得成功，而懒惰和愚蠢只会让人与失败纠缠不休。大名鼎鼎的爱因斯坦也曾经说过勤奋是世界上所有成就的催生婆，如果没有勤奋，世界也就没有这么多的成功。如果没有勤奋，一个人都会陷入碌碌无为之中，根本不可能创造个人的成就。从这个角度而言，我们都应该更加努力、勤奋，尤其是在小时候就要养成勤奋用功的好习惯，把懒惰、懒散、放纵、消沉赶得远远的。当我们的心灵被积极向上的思想所占据，我们就能够表现出努力积极的行为，也能够让自己变得与众不同，出类拔萃。

一分努力，一分收获，任何时候，我们都要坚持不懈地努力，才有可能获得成功。也许有些孩子会说，很多时候，即使努力了，也没有收获。的确，努力与收获之间并非呈现出绝对的正比关系。但是如果不努力，就注定了毫无所获。在这种情况下，我们当然要更加努力，才能够逐渐接近成功。

学习没有捷径，只有靠努力

也许在每个中学生的心里，都有个共同的梦想——能在升学考试中取得好成绩，于是，中考状元便成为所有中学生羡慕的对象。每年，中考状元的话题也都是热点，关于它的争议也从未停止。当"高考状元"的话题被炒作的时候，各种非议也纷至沓来，有人认为，他们能成为状元，只是运气好罢了。其实，我们要明白的是，一个心怀学习的中考学子，隽秀的生命中除了勤奋好学，就是好学勤奋。我们不妨给高考状元们一些掌声，作为天之骄子，他们理应享有这个光环。

被北京大学地球与空间科学专业录取的谢建军从小就是个品学兼优的好孩子，他曾经这样总结自己学习的能力。

"学习除了天分，就是努力，再努力。"当被问起在学习上有什么诀窍时，谢建军认为自己主要得益于高中三年比较努力。高中三年，老师发的练习书、自己买的习题和试卷他都一一认真做过，有关例题也都一一认真看过。谢建军说，高一和高二的两次竞赛使他明白，学习除了要有天赋外，很重要的一点就是努力。

刚进高中的时候，谢建军觉得自己数学考得不是很好，当被老师定为数学竞赛组预选人员时，他为了能在20人进10人的选拔中被选中，那段日子在杭州集中培训时，他特别用功。空闲时，别人在打牌，他就去参加自修或者去书店看竞赛书籍，丝毫不敢懈怠。结果在那次比赛中，他取得了一等奖的好成绩。而在高二的时候，因为已经得过一次奖，开始有点松懈下来。同样去杭州集中培训，一空下来，别人打牌他也打牌，还开始出去逛街等，在竞赛上所投入的精力远不及上一次，结果那次竞赛他与一等奖相差五六分，这让他后悔了好一阵子。就是从那个时候开始，他认识到了努力对学习的重要性。到了高三，他就变得很自觉了。

的确，从谢建军的话中，我们能看出高考状元们之所以能在高考中取得夺目的成绩，并不是运气使然，而是勤奋的结果。

伟大的成功和辛勤的劳动总是成正比的，有一分劳动就有一分收获，日积月累，奇迹就可以创造出来，这是绝对的真理。只有勤奋才是最高尚的，才能给人带来真正的幸福和乐趣。青少年朋友们，从现在起努力吧。你需要做到：

1.树立脚踏实地的态度

任何事情都必须要具备勤奋的态度，学习也是一样，真正的成功是一个过程，是将勤奋和努力融入每天的生活中，融入每天的工作中。

2.习惯是最好的老师

如果勤奋已经成为一种习惯，那么，它也就能变成一种理所当然的事。就像习惯睡懒觉的人认为早起是痛苦的，但习惯于早起的人却把早起当作一件平常不过的事，因为早起对于他们来说已经是一种习惯。

3.要有坚定的决心和持之以恒的毅力

这是老生常谈的话题，但依然重要。那么，如何做到不中途放弃？我们要有良好的心态、乐观的精神和自信心。很多人选择目标后又中途放弃，就是因为觉得坚持这么久，没有成果，觉得自己学得没有用。其实，条条大路通罗马，既然选择了自己的路，就要毫不犹豫地走，一直在原地徘徊，犹豫不决，不知是否该前进，只能让时间白白流走而已。

4.要找到适合自己的勤奋之道，也就是方法

我们可以根据自己的性格特征找到一条适合自己的路。比如在看书上，每个人每天都有自己兴奋点比较高的一段时间，我们在这段时间可以看一些自己并不是很感兴趣的书籍，而在心情比较低落的时候看一些自己喜欢的书，调节一下。

爱因斯坦说："人的价值蕴藏在人的才能之中。在天才和勤奋两者之间，我毫不迟疑地选择勤奋，它是几乎世界上一切成就的催化剂。"如果你能做到勤奋学习、勤奋做事，必当会有所收获。

管理好自己，才能管理好时间

时间对每个人而言都是非常重要的。正如大文豪鲁迅先生曾说过的，"时间是组成生命的材料，浪费别人的时间无异于谋财害命"。其实，一个人既不能浪费别人的时间，也不能浪费自己的时间。人生是一场没有归途的旅行，没有人知道自己的人生将会在何时戛然而止，因此生命就显得尤其珍贵。在这种情况下，我们更要珍惜宝贵的时光，这样才能够创造人生的价值，才能让自己的生命更加充实和有意义。

生活中很多孩子都不能理解时间的重要性，很多父母在教育孩子的过程中往往忽略了对孩子时间意识的培养。实际上时间关系到孩子生活和学习的方方面面，如果孩子能够养成珍惜时间的好习惯，就能够有效地利用时间，也能够对时间进行合埋有效的安排。在这种情况下，时间当然会对孩子的成长和发展起到更加积极有效的推动作用。

成人之所以珍惜时间，恨不得把每一分每一秒都利用起来，这是因为成人已经意识到时间的宝贵，也知道时间对于生命来说是不可替代的。但是在很多孩子的心目中，时间就像是他们已经玩腻的玩具，可以随时丢掉，而丝毫不觉得珍惜。虽然孩子对时间的观点并不正确，但是孩子这种想法是基于自己的感觉产生的，所以不应该受到指责。作为孩子，在我们意识到自己不够珍惜时间之后，就应该积极主动地改变这种心态，无论如何，时间对于每个人而言都是至关重要的，也是值得珍惜的，每个人都不应该浪费时间，而应该珍惜生命。

安排时间并不是说说就能做到的事情。要想合理安排时间，就要对自己的生活有更加深刻的认知和理解。例如，我们要意识到自己的生活是由玩耍和学习两部分组成的，此外，每天还要进行日常的活动。这样一来，我们才能够把时间合理分配到这三大板块之中，从而让这三大板块都保证效率。

我们要意识到自己的首要任务是学习，其次才是玩耍，从而平衡好学习与玩耍之间的关系。知道自己每天之中有哪些事情是必须在固定的时间完成的，哪些事情是可以合理安排和计划的，还有哪些事情是可以摒弃不做的。这样一来，我们对于时间的利用率就会大大提升，对于人生的安排和把握也会效率倍增，卓有成效。

总而言之，随着时间管理能力的增强，我们会更加积极地管理自己，也会卓有成效地提升生活和学习的效率。

学习需要的是自律

元代大名鼎鼎的教育家、思想家许恒不但在学术方面独有建树,还在朝廷中担任重要的职务。许恒总是宽以待人,严于律己,尤其是在对待学生时,就像对待自己的孩子一样亲切关爱。然而,许恒对自己的要求非常严格,哪怕是在没有外界力量约束的情况下,许恒也拥有超强的自制力,从而保证自己无论在怎样的环境中,都是言行一致的君子。

有一个夏天,骄阳似火,局势动荡不安,很多人都逃离生活的地方,去其他地方避难。因为长途跋涉,每个人都又渴又饿,许恒作为文人体力更差,在走了一段时间的路之后,他满头大汗,面色苍白,浑身都疲倦无力。正当大家准备原地休息的时候,突然有人喊道:"前面有梨树,满树都是大大的梨子,可以摘着吃!"大家闻讯全都急匆匆地赶到前面去摘梨子吃,只有许恒依然按照原计划坐在原地休息,不为所动。

有一个人很惊讶,问许恒:"前面有梨园,你为什么不去摘梨子吃呢?"听到这样的提问,许恒依然坐在那里纹丝不动,他正气凛然地说:"这些梨树肯定是有主人的,我们不能在主人不在的时候,偷偷地摘梨子吃。"听到许恒的话,那个人不由得嘲笑许恒:"你可真是个书呆子,读书都读透了。如今人命都难以保全,主人早就逃离了这个地方,哪里还顾得上他的梨子呢?"许恒当然知道这些梨树的主人可能早就不知所踪,但是他依然坚持自己的原则。这些梨树尽管眼下没有主人来看护，但并不意味着它们是无主的财产。想到梨树的确是有主的，许恒坚决不能把它们视为没有主人的梨树去任意采摘。

最高境界的自律，就是克己慎独。在这个事例中，许恒明知道梨树的主人并不在当地，也知道梨树主人短期之内不会回来照顾梨树，但是他依然按照原则要求自己，绝不轻易地放松标准。不得不说，许恒的自律力量是非常强大的，正是因为有这种力量的约束和督促，他才能够在学术上做出伟大的成就。

一个人如果在外界有约束力的情况下能够管理好自己，这不足为奇，因为人是群居动物，每个人都很在乎他人对自己的意见和评判。在这种情况下，他们管理好自己也是必然的。但是，如果一个人在没有外人约束的情况下，依然能够克制好自己，绝不轻易地放松对自己的要求，更不任由自己做出违背原则和理性的事情，那么这样的自律力才是更强大的，才是真正的自律。

在现实生活中，每个人都肩负着多重角色。一个女人，既是妻子，也是母亲，还是女儿；一个男人，既是丈夫，也是父亲，还是儿子。这只是他在家庭中的角色，在职场上，他还会肩负着更多重的角色。在这种情况下，可想而知，一个人要想真正活得明白透彻是很艰难的。尤其是当不同的角色都面临各种诱惑和欲望的时候，很多人容易放弃自己做人做事的原则，偏离内心的轨道，甚至让人生因此而陷入困境。那么作为新时代的人，作为未来社会的栋梁，我们又该如何增强自律，从而拥有更好的未来呢？

我们一定要做到以下几点。

首先要收敛自己的本性。人的本性中有很多的劣根性，我们在众目睽睽之下要管理好自己，而在没有人监督的时候，我们同样要管理好自己，约束自己，不要让自己肆意妄为，尤其是不要打破自己对规则的遵守。很多孩子在想放纵的时候，会安慰自己说"只放纵这一次"。实际上，正是这一次的放纵，也许就会导致严重的后果，更会让他们的欲望极度膨胀，导致后来无数次违背规则，做出逾越规矩的举动。

其次要做到表里如一。孩子都是非常聪明的，能审时度势，根据外界的情况来调整自己对待外界的方式与方法。但如同双面人一样的表现对于孩子的成长绝没有好处。每个人都要言行一致，表里如一，而不要当着别人面一套，背着别人面一套，做一套，说一套，否则就会让自己产生混乱的思维和认知。

最后要宽以待人，严于律己。很多人恰恰把这件事情做得颠倒了，那就是对待自己非常宽容，而对待他人却非常严格。所谓宽以待人，实际上就是对待他人宽容，而严于律己，则指的是犯错误的时候，不要总是无限度地原谅和宽容自己。实际上，一个人如果想要原谅自己，是很容易找到理由的，但是这样的做法并不理智。明智的人一定会做到克制自己，严格要求自己，否则一旦放松对自己的要求，就会导致放弃很多原则。所以我们要严格要求自己，这样才能够让自己在成长中遵循一定的原则，也让自己的每一步都走得踏踏实实、稳稳当当。

第 11 章

用好工具书：
善于请教身边不说话的智者

工具书是不会说话的老师

我们都知道，一个人要学会学习，就必须要养成良好的学习习惯，我们发现，那些成绩好而且稳定的学生，都是从小做到了这一点，其中就包括查工具书。

俗话说："工具书是不会说话的老师。"遇到疑难问题，不管在学校还是在家里，都可以自己查字典、词典等工具书来解决。我们只有勤于查阅字典等工具书，才能不断丰富知识，提高自己解决问题的能力。

另外，工具书是"自学的好帮手"。教师都离不开工具书，何况学生。有的同学会认为，初学的人要经常使用工具书，而学有水平的时候，就可以不再使用工具书了，其实不然。我们不但要学会自己查阅工具书解决一些问题，而且要养成使用工具书的习惯。有位著名的老作家，写过许多脍炙人口的佳作，但他养成了一个习惯，每次外出，别的东西可以不带，唯独要随身携带一本字典。这并不是他才疏学浅，而是他懂得工具书的重要性。

所以说，任何读书人都应该学会运用工具书。工具书是读书的向导，它的用处主要有：提供参考资料、指引读书门径、解决疑难问题、节省时间精力。

那么，工具书到底有哪些用处呢？我们不妨来总结一下：

1.提供参考资料

如在语文综合性学习活动中,要研究一个问题,想广泛地查阅资料,了解这一问题的一些动向,不用工具书不行。工具书把材料分门别类地整理出来,我们使用时可以信手拈来,一目了然。如果我们不用工具书,那么研究起问题来,很可能挂一漏万,搜集起材料,也会如在大海捞针。

2.指引读书门径

人类社会发展到今天,长期积累起来的知识财富广阔无边,各种各样的书刊、文献资料也浩如烟海,而且随着现代科技的发展,各类书籍还会急剧增加。那么,这么多的书,哪些该读,哪些不该读,要读的书应该到什么地方去查找,如此等等,这些问题都需要通过工具书来指点迷津,否则就会茫然不知所措。

3.解决疑难问题

我们平时看书看报遇到难字、难词,不明白的成语典故,就要查字典、词典;读书遇到古代人名,需要了解他们的生平事迹和时代背景,就要查人名大词典;遇到古代地名,需要知道它在什么位置,相当于今天的哪个省哪个县,又要查地名大词典。查阅工具书费力不多,却解决了我们的疑难,丰富了我们的知识,所以工具书是日常学习必备的参考书。

4.节省时间精力

有的同学不会使用工具书,认为使用工具书费时费力费事。当然,不论学习使用工具书还是运用工具书都要一定的时间,但"磨刀不误砍柴工",这种费事却可以得到更大的省事。俗话说"工欲善其事,必先利其器",工具书就是一种治学的利器,善于利用工具书,可以使我们少走弯路,这比漫无边际地去查找书籍不知要省多少时间和精力呢。

总之,在学习中,会使用工具书和资料好处很多。除了一般的字典、词典之外，各门学科都有专门的工具书。我们一定要多利用工具书，在条件允许的情况下，可以选购几本工具书（包括资料性的）放在书架上，经常查阅。买学科工具书，应听听任课教师的意见。养成了查阅工具的好习惯将终身受益。

了解学习常用的工具书

生活中，人们常说，书是人类进步的阶梯。的确，书籍浩如烟海，知识无穷无尽。作为中学生，我们在学习的过程中会遇到这样或那样的困难，为解决这些困难，就要借助于工具书。工具书是打开知识宝库的钥匙。工具书是把某一专题、某一范围的知识资料，按照一定的编排方法汇集在一起，供人们查阅解决疑难问题，或为人们提供资料线索的一种特定类型的图书。

了解工具书的分类及各类工具书的特点，对于及时获取所需的参考资料是很有意义的。那么，我们常说的工具书都有哪些种类呢？根据内容、体例和作用，大致划分一下，有以下几种：

第一，书目。这是记录图书名称、作者、卷册、版本、年代的工具书。主要用于查书。

第二，索引。这是把书中的内容编为条目排列，供人们查找的工具书。常见的有人名索引、地名索引、专题索引等。这种书提供线索供读者查找，使用起来十分方便。

第三，字典、辞典。这是人们经常使用的最普遍的工具书。它专收字词，按一定方法编排，注明读音，解释字、词意义。这类书也称字书、辞书。它包括字典、语文辞典、百科辞典、综合性辞典及不同语种的对译辞典等。如《新华字典》《现代汉语字典》《辞海》《中国人名大辞典》《英汉辞典》等。

第四，类书。这是辑录古代群书中各门类或某一门类资料的工具书。中国文化源远流长，而中国古籍又浩如烟海，这类书就要将各种书籍的内容分门别类地编排在一起，因此要查询中国古代的资料，上至天文、下至地理，人物、制度、风俗、典故、轶事等，就必须使用这种工具书。

第五，年鉴。这是汇集一年内重要时事文集和统计资料的工具书。专业性较强，种类也很多。如出版年鉴、历史年鉴、文艺年鉴。要了解某一学科在一年内的发展状况，就可以查看这类书。

第六，年表、历表。这是按年代顺序用表格形式编制的查考时间和大事的工具书。主要用来查找时间。

第七，图录。是用图像表现事物的工具书。地图册就属于这类书。

第八，手册。它是汇集某一方面需要查阅的文献资料的工具书，包括某一专业的基础知识及一些基本的公式、数据、定律、条例。

第九，政书。它是汇编历代某一朝代政治、经济、文化制度方面资料的工具书。

第十，百科全书。它是汇集自然科学、社会科学知识而编纂的大型知识手册，是以辞典形式编排的巨型参考工具书。现代百科全书扼要概述人类过去的知识和历史，并着重反映当代科学文化的最新成就。它编收各学科或某一学科的专门述语、重要名词等，分列条目，并较详细地、系统地叙述和说明。条目释文长短不一，视具体情况而定。每条署名作者，重要条目并附参考书目。现代百科全书始创于1751年法国资产阶级革命思想家狄德罗，此后世界各国都相继编辑出版。著名的如《美国百科全书》《大不列颠百科全书》《世界大百科事典》等。百科全书按收录范围也可分为综合性的和专科性的。综合性的如《中国大百科全书》，专科性的如《中国医学百科全书》《中国农业百科全书》等。

上面介绍的是工具书的主要类型。知道了这些，可以使我们在使用工具书时掌握查阅方法。不过，仅仅懂得这些还是不够的。工具书种类很多，即使是同一种类的工具书，也是名目繁多。当然，对于中学生而言，在学习过程中常用的工具书主要是字典、词典，充分利用这两种工具书，就已经能帮助我们解决很多学习中遇到的问题。

学习语文的常用工具书

一般来说，一部工具书会包含以下内容：编辑者；前言（又叫序、说明等）；凡例（又叫例言等）；正文；附录；版本。使用某部工具书，就要对该部书的情况有所了解。从前言、凡例和附录中则可以较具体地了解书的价值、用途及用法，获得使用工具书之前的必要的准备知识。

对于中学生而言，我们在学习语文的时候，可以使用以下几部工具书：

1.《古汉语常用字字典》（北京大学中文系等单位编写）

这本字典的用途在编写说明中说得很清楚："不掌握古汉语常用字，阅读古书就会遇到很大困难，为此，我们编了这本《古汉语常用字字典》，供中等以上文化程度的读者使用。"可见这是一本供初学者使用的字典。全书的特点是简明、实用、易懂。字典正文共收单字三千七百多个，双音词两千多个，按汉语拼音字母排列，所收单字不仅都是古汉语常用字，而且也考虑到定义的常见性，以及古今汉语的联系性。古今意义相同而且现代汉语中常见的字不收，在诗词曲中有特定意义的一般也不收。字条下所选的例句注重选用一般人熟悉的名句，对例句中的难字作了注解，并对难句作了专解。

字典最后还有附录三种：难字表、古汉语语法简介和中国历史纪年表。《难字表》收难字两千六百多个，释义简单而内容丰富，增加了字典的实用性。《古汉语语法简介》突出了古今不同的特点，篇幅虽短，但对使用工具书的读者有很大的帮助。《中国历史纪年表》与一般字典和附表不同，它内容充实，有帝王姓氏、庙号、年号、干支、公元对照等，对解决阅读古文中遇到的历史纪年问题有很大的帮助。

字典有部首检字表和音序检字表，查检方便。

2.《说文解字》

《说文解字》是我国第一部字典，东汉许慎（字叔重）著。"文"指独体的文字，如山、马等；"字"指何体的文字，如峻、骏等。"说文解字"合起来就是说解文字的意思。

《说文解字》首创了部首字。许慎按照汉字的造字原则解析文字，建立了五百四十个部首字。

《说文解字》第一次明确阐述了"六书"的涵义，建立了"六书"的理论，奠定了文字学的理论基础。《说文解字》主要从形、义两方面说解文字。一般是首列篆文，次释字义，再分析字形结构，有时也指出读音。

3.《词源》（修订本）

《词源》原本是百科性的词典，收录词目将近十万条，古籍中常见的词语、典故以及现代社会科学、自然科学等各类知识性的条目都有收录，与后来陆费逵等编的《辞海》大同小异，只是古汉语方面的条目比《辞海》多，百科性的条目比《辞海》少。

4.《古汉语虚词》

《古汉语虚词》是杨伯峻先生1981年出版的一部新著。全书收单音节虚词一百六十九个，附在单音节虚词下的还有三百多音虚词。

书中所引例句多出自名篇，全部例句都译成现代汉语，便于初学。词条按汉语拼音音序排列，并有拼音和笔画检字索引，检索也比较方便。

5.《词诠》（杨树达著）

这是一本专讲虚词各种用法（也包括作为动词的用法）的书。全书收虚词四百六十九个，古书中常见的虚词基本都收录了。这本书的重要特点是对每个虚词说解比较详细，先注音，后讲词类，再讲意义及用法，最后列举例证。虚词的用法既包括通常用法，也包括较为特殊的用法，所举例证极多，因此比较实用。

英语词典是最好的英语老师

我们在学习英语时，会经常遇到生词的情况。生词有两种：一种是曾经学过的，只是暂时忘记了；二是从未学过的单词，这是真正意义上的生词。不少同学由于没有过词汇关，没有处理好生词问题，而对英语学习失去兴趣，甚至产生厌学情绪，造成中途放弃英语学习的不良后果。

对于第一种情况，我们当然是与遗忘作斗争，学习记忆英语单词的技巧，力争将课本里出现的单词一一记住。第二种情况是真正意义上的生词，我们应该怎样来应对呢？其实很简单——查字典。

学习英语，查词典是必须学会的基本功之一。词典之于学习，仿佛茫茫黑夜中闪烁的灯光，漫漫悠长的山路上借以支撑的拐杖，其重要性不言而喻。不少英语专家都认为，就外语学习而言，最有用的莫过于词典。词典可以随身携带，可以随时请教，可以终生相伴。所以人们称赞词典为"最好的老师"。

有同学这样说："学习英语，我的一点经验就是考前一两个小时应该一直听英语，创设一种语言环境，避免考场上出现紧张情绪。另外，我个人学习英语的一个方法就是查字典，字典里面我可以发现很多'标准''权威'的知识可以解答我平时的困惑，学到很多新知识。"

从这段话中，我们能看出查字典对于积累英语单词量的重要性。那么，什么情况下去请教这位"最好的老师"呢？是不是每遇到一个不认识的英语单词就去查词典呢？这就需要我们具体问题具体分析，学会一些技巧和方法。

我们要分析一下我们手头上的英语文章或书籍的难度如何，如果生词太多，说明已超出你目前的英语水平，就要将它暂时放一放，待到你的水平提高了后再来读。在选择阅读材料时，我们应该将生词率一般控制在5%左右，最多不能超过8%。

在阅读中遇到生词时，我们首先要运用猜词技巧，如根据上下文、普通常识或词缀等来分析、推测和判断，得出生词的含义。不能应用这些技巧的，我们就要考虑查词典了。如果一篇文章的生词都通过查词典都弄清楚了含义，那么这篇短文的理解也就迎刃而解啦。

那么，同学们一定会问，现在的词典五花八门，选择什么样的词典更能帮助英语学习呢？

一般来说，初学者应该选择英汉词典，初二以上的学生最好使用英汉双解词典，如商务印书馆出版的《牛津初阶英汉双解词典》，到了高中，同学们可使用《牛津中阶英汉双解词典》，也可使用《牛津高阶英汉双解词典》。

最后需要提一下，目前的电子词典也有一些优点，如能发音、能自动切换等，同学们可根据需要购买使用。但从查找的角度看，一般情况下，纸质词典更便捷，翻查方便，它不存在机器失灵问题、电源问题，放在手边随时可查。纸质词典也不存在因显示屏有限而不便阅读的问题。学习英语离不开英语词典，一部好的词典可以起到良师作用。

总之，如果你能认识到字典在英语学习中的重要性，并在手边常备一本字典，遇到生词就绝不放过，那么，你一定会在"最好的老师"——英语词典——的帮助下英语学习取得飞快的进步！

如何有效使用工具书

前面，我们已经了解到工具书的种类，接下来，我们要了解的是如何使用工具书。

使用工具书，首先要注意工具书的质量。如何看工具书的质量，一个简单的办法是看编著者、出版者及版本。编著者是该学科的专家，出的书质量好，工具书的质量就不会有什么问题。工具书的质量不好，错误百出，一经使用就被坑害了。版本要用最新的，特别要注意用正版。

其次，阅读"使用说明书"，了解该工具书的使用要领。我们想用一部平时没有用过的工具书来解决遇到的问题的时候，怎样利用它来达到我们的目的呢？每部工具书都有"使用说明"，"使用说明"的名称不同，如"前言""凡例""编例""说明"等，但它们都在正文之前。它们主要介绍的是该工具书收释词语的原则、检索的方法、各种符号的意思等。仔细阅读，逐字理解，并通过对照正文，就能掌握使用该工具书的具体要领。

使用工具书，还要掌握工具书的检索方法。工具书的检索方法一般有笔画、部首、音序、四角号码等几种类型。

同学们，了解了工具书的用途，掌握了检索方法，我们就可以利用工具书进行学习了。但在使用工具书解决疑难问题或寻找资料线索的时候，还会遇到许多问题，解决这些问题，只有在实践中不断提高自己运用工具书的能力。

不过有两个最基本的问题是需要注意的。

第一，要开动脑筋。工具书毕竟是位不会说话的先生，它尽管学识渊博，几乎无所不包，无所不能，但当你向它请教的时候，它只是和盘托出它所能贡献的东西，由我们自己选择。而且工具书选用的资料往往是有代表性的，所列的义项也是有典型性的，概括力较强。有的问题我们可以在工具书中找到现成的答案，但也有许多时候在工具书中找不到解决问题的现成答案。这就需要我们参照工具书中的材料、结合具体的语言环境进行类比、分析。随着学习水平的提高，我们运用工具书解决实际问题的能力也一定会提高。

第二，对工具书的解释要作具体分析，不可盲目信从。我国工具书编纂的历史悠久，如果从最早的字典《说文解字》和最早的词典《尔雅》算起，至今也有两千多年的历史了。历史上工具书的编纂都是服从于一定的目的，适应统治阶级的需要，也反映着某个社会发展阶段上的人们的认识。因此，工具书的内容不可避免地打上阶级和时代的烙印。例如《说文解字》解释"三"字说："天地人之道也。"解释"王"字说："天下所归往也。"解释"神"字说："天神引出万物者也。"这些都反映了汉代的社会意识。它可以使我们对汉代人们的认识有所了解，但不能搬用到今天的生活中，更不能认为这样解释是正确的。随着社会的发展，人们认识水平也在提高，因此，新编的工具书较之以前编的工具书，有了很大的进步，字（词）义的解释不仅科学而且通俗。所以，在一般情况下，我们应该尽量利用新编的有关工具书。

总之，在使用工具书时，我们除了掌握基本的使用方法外，还需要注意一些问题，其中最重要的是工具书可能存在滞后性，需要我们多动脑筋，而不能盲目信从。

参考文献

［1］晓丹.培养孩子自主学习力的88个细节［M］.天津：天津人民出版社，2018.

［2］赵周.如何培养孩子自主学习力［M］.长沙：湖南教育出版社，2021.

［3］楠本佳子.引导：帮助孩子自主学习的47个方法［M］.程俐，译.北京：北京时代华文书局，2021.

［4］王俊峰.培养孩子自主学习的九个维度［M］.济南：山东人民出版社，2021.